KB054424

대·한·민·국·에·서
애견미용사로
산다는 것

Dog beautician

대·한·민·국·에·서

애견미용사로
산다는 것

김수경 · 김남진 지음

izi PUBLISHING

이 글이 애견미용사를 준비하는 이들에게
방향과 가치관을 제시해주는 나침반이 되었으면 좋겠습니다.

어느 날 후배 한 명이 찾아왔습니다. 그 후배는 개인 애견숍을 운영하고 있었는데 자신이 무언가 놓치고 있는 것 같다며 깊은 고민이 가득한 얼굴이었습니다. 봄, 여름, 가을, 겨울 창밖으로만 계절을 보다 세월을 모두 보내버린 것 같다더군요. 안타까운 마음이 들었습니다. 그 마음을 헤아리지 못하는 것이 아니었으니까요. 오랜만에 후배와 술 한잔을 기울이며 이런저런 이야기를 나누다 후배에게 강아지 용품에 대한 아이디어가 있다는 것을 알게 되었습니다. 그리고 그것을 개발해 보고 싶다는 결론에 이르렀습니다. 자리에서 일어서던 후배의 얼굴에는 몇 시간 전까지 보이던 고민의 흔적은 보이지 않았습니다. 오히려 새롭게 도전할 무엇이 가득한 기대에 찬 얼굴이었죠.

처음 이 책『대한민국에서 애견 미용사로 산다는 것』을 쓰기로 결심했을 때 이 후배의 얼굴이 떠올랐습니다. 지난 30년, 이 책의 저자인 저희들 역시 애견미용사로 한 길을 걸어왔습니다. 저희 또한 오직 미용사로서만 이 긴 시간을 보냈다면 지금쯤 같은 고민을 했을지도 모르겠습니다. 다행히 저희는 애견 산업의 역동기를 몸소 겪으며 다양한 경험을 해 올 수 있었고 브리더라는 다른 길도 함께 닦아 왔습니다. 애견미용학원을 운영하며 처음 미용사로 입문하는 다양한 사람들에게 전문 미용 기술을 가르칠 수 있었습니다. 또 해외 여러 나라에서 열리는 다양한 대회에 출전하며 열정 가득한 수많은 사람을 볼 수 있었습니다. 그 에너지를 전해 받아 끈질기게 매진 할 수 있는 힘의 동력도 얻을 수 있었습니다.

사실 저희는 이 책에 거창한 말들을 담지 못했습니다. 그저 내 경험을 솔직하게 들려주는 작업을 한 셈입니다. 거기에 애견미용사로서의 긍지를 갖기를 응원하고, 나름 긴 시간 알게 된 더 발전적인 애견인의 다양한 경로를 안내했을 뿐입니다. 늘 후배들과 모여 나눈

이야기들이고 학생들에게 전하던 이야기들입니다. 애견미용사로서 당당하고 자신감 넘치는 일은 사회인식에서가 아니라 자기 자신에게 달려 있는 일이라 여겼기에 이 책을 통해 다시 한 번 소신 있는 조언을 담았을 뿐입니다.

시대가 변하고 애견산업은 그 어느 분야보다 더 크고 빠르게 성장했습니다. 지금까지의 성장을 배로 웃도는 확장성을 예견하는 기사들이 넘치고 있습니다. 이런 흐름 속에서, 이 기회의 시기와 때에 저희를 포함해 여러분이 큰 기회를 보고 두려움 없이 도전해 보자는 의미로 파이팅을 외치고 싶었습니다. 앞서 찾아왔던 후배는 몇 가지 제품에 아이디어를 더하고 일주일에 하루 이틀쯤 시간을 내어 상품개발이라는 전혀 다른 영역에 첫 발을 디딜 준비를 하고 있습니다.

지금 하고 있는 일에 매진하고 최선을 다하는 것은 두말 할 것

없이 좋은 일입니다. 하지만 지금 하는 일이 어느 정도 익숙하고 노련한 궤도에 올랐다면, 새로운 것을 시도하고 준비하기에 최고의 산업 분야에 속해 있는 것이 지금의 대한민국 애견미용사들입니다.

이 책에 담긴 저희 두 사람의 경험 속에서 공감하고 도전에 대한 용기를 얻게 될 수 있다면 정말 뜻 깊은 일일 것 같습니다. 그리고 지금 한 발 더 나아가 더 나은 애견인으로 성장할 도전의식이 생긴다면 더 없는 영광이 될 것 같습니다.

이 책을 통해 지금 현업에 있는 대한민국의 모든 애견미용사 여러분의 고군분투에 박수를 보냅니다.

I·차례 I

PART 1
대한민국 비숑 프리제 미용의 대가 김수경

CHAPTER1. 애견미용사라는 직업

CHAPTER 2. 대한민국 애견미용사 그리고 30년

PART 2
대·한 민 국   푸 들 미 용 의   대 가   김 남·진

CHAPTER 1. 애견미용사라는 직업, 애견미용사로 산다는 것

CHAPTER 2. 애견미용과 애견미용학원, 스승과 제자

CHAPTER 3. 애견종합예술 도그쇼

P·A·R·T

1

대한민국 비숑 프리제 미용의 대가 김수경

CHAPTER

1

애견미용사라는 직업

내가 좋아하는 것은 강아지인가,
애견 미용인가?

최근 한국 사회는 강아지를 좋아하는 시대가 되었다. 단순한 애완동물이 아니라 한 집안의 온전한 가족구성원이라고 생각하는 사람들이 대부분이다. 강아지를 키우는 사람들 대부분이 스스로를 강아지의 '엄마' 혹은 '아빠'라고 칭하는 것만 봐도 알 수 있다. 따라서 애견미용사도 강아지 이발을 한다는 것보다는 가족구성원을 미용해주는 개념으로 바뀌었다.

애견산업이 커지면서 애견미용사에 대한 위상이 높아졌으며 미래 유망직종으로 주목받기 시작했다. 앞으로도 애견인구는 더욱 늘어날 것이고 그와 더불어 애견미용사의 수요도 더욱 커질 것이다. 이미 전 국민의 25%, 약 1,500만 명이 강아지를 키우고 있으니 반려견 관련 산업과 애견미용은 더욱 발전할 것이 자명하다. 우리나라 미용기술이 경쟁력을 가지고 있기 때문에 원한다면 해외로 진출할 기회도 많아질 것이다.

하지만 애견미용사라는 직업을 단순히 '전망 있는 직업'으로만 생각하고 접근해서는 안 된다. 회사에서 컴퓨터를 두드리는 직업이 아니라, 생산해놓은 제품을 판매하는 직업이 아니라, 우리와 친숙하지만 대화는 통하지 않는 살아있는 생명체를 대상으로 하는 직업이기 때문이다. 따라서 애견미용사가 되고 싶다면 우선 이 직업이 정말 나와 맞는지 따져봐야 한다.

집에서 키우는 강아지를 좋아하는 것과 애견미용을 좋아하는 것은 다르다. 강아지를 좋아하는 마음 하나로 미용사가 되어야겠다는 생각은 금물이다.

이론만으로 의사가 되는 것이 아니라 직접 인체를 만지고 해부도 해보듯이 애견미용도 똑같다. 강아지를 좋아하지만 막상 강아지의 털을 자르고 발톱을 깎는 일에는 두려움을 가질 수 있다. 두렵거나 무서움을 느낀다면 미용기술을 배운다고 해도 끝까지 해내지 못할 수도 있다. 강아지가 불쌍해서 미용을 못 배우는 사람들도 종종 있다. 따라서 '애견미용사가 되어볼까?'라는 생각이 든다면 먼저 강아지 발톱도 깎아보고 털도 다듬어주고 목욕과 드라이도 해봐야 한다. 실제적으로 강아지를 만지면서 미용을 할 수 있는지 알아보고 그것이 좋고 재미있게 여겨진다면 그때 가서 도전을 해도 늦지 않다.

손재주가 있으니 해봐야지라는 생각도 오산이다. 기술적인 면만 생각해서도 안 된다는 뜻이다. 살아있는 강아지를 만지는 것이기 때문에 물건처럼 다루면 안 된다. 강아지가 편안하게 느낄 수 있도록 해야 하기 때문이다. 기본적으로 강아지를 좋아해야 하고 강아지에 대한 애정이 없으면 할 수 없을 뿐만 아니라 해서도 안 되는 직업이 바로 애견미용사다. 애정을 가지고 하지 않으면 강아지를 함부로 다루게 되고 본인도 스트레스를 받으니 오래지 않아 이 일을 접게 된다. 내가 이 일을 할 수 있는지 없는지는 본인이 가장 잘 알 것이다. 미용학원을 알아보기 전에 먼저 자신과 강아지의 관계에 대해서 알아보는 것을 추천한다.

애견미용사로 성공하려면 처음부터 끝까지 즐기면서 재미있게 해야 한다. 강아지미용은 생각보다 꽤 힘든 일이다. 일로 생각하면 버텨내지 못한다. 환경적으로도 힘들 뿐만 아니라 늘 긴장하

면서 일하기 때문에 건강적인 측면에서도 힘든 점이 많다. 하지만
이 일이 정말로 재미있다면 끝까지 할 수 있다.

나는 강아지의 감정을 느낄 수 있고
자기관리가 되는 사람인가?

강아지들도 감정이 있다. 주인의 표정만 보고도 기분을 알아채는 것이 강아지다. 미용사의 감정도 그대로 강아지에게 전해진다. 미용사가 힘들어서 짜증이 나면 강아지를 험하게 다룰 수 있다. 몸이 아프면 아무래도 손이 좀 거칠어지기 마련이다. 그러면 미용사들이 인지를 해야 한다. 오늘 내가 힘들어서 컨디션이 안 좋아 강아지에게 짜증을 내는구나 하는 생각이 들면 과감하게 그날의 스케줄을 줄여야 한다. 몸이 안 좋은 날 미용을 계속한다면 악순환이 계속된다.

강아지에게 데미지가 가면 집에 가서 표시를 낸다. 예민한 동물이라 강아지도 스트레스를 받으면 집에서 웅크리고 있거나 아파하거나 구석에 들어가 나오지 않기도 한다. 미용실에서 강아지가 편안하게 미용을 받도록 하는 것이 고객층을 확보하는 방법이기도 하다. 집에 가서 행동이 달라지면 보호자도 왜 그럴까 의심을 한다. 강아지가 미용실을 싫어하면 미용도 예쁘지게 나오지 않게 되고 그러면 자연스럽게 고객도 떨어진다. 악순환이다.

최대한 미용사는 자기 컨디션을 조절할 줄 알아야 한다. 특히 처음 만나는 강아지를 미용할 때는 좀 더 세심하게 다루어야 한다. 쓰다듬어주고 편안하게 해주어야 한다. 강아지가 공포심을 느끼면 그 기억이 오래가기 때문에 한번 협조를 하지 않으면 오래도록 그렇다. 때론 예쁘게 하는 걸 포기하더라도 우선 강아지가 편안함을 느끼도록 교감하는 것이 더 중요하다. 털이야 다시 자를 수 있지만 강아지에게 학습된 기억을 되돌리는 것은 너무 어렵다.

특히 처음 만난 강아지를 미용할 때는 털 디자인에 신경 쓰는 것보다 강아지 컨디션이나 습성이 어떤지를 먼저 파악하고 교감하고 친해지려는 것에 더 신경써야 한다. 사람들은 '고개를 드세요, 숙이세요, 잠시 기다리세요, 머리 감겨 드릴게요' 등 여러 말로 소통이 가능하지만 강아지들은 그렇지 않다. 처음 만난 강아지들은 예쁘게 스타일을 내려 하기보다는 편안하고 좋은 기억을 가지고 갈 수 있게 해주는 것이 필요하다.

　강아지에게 많은 애정을 갖고 살펴야하고 말을 못하는 동물에 대한 긍휼한 마음이 있어야 한다. 강아지가 하는 행동을 잘 살펴서 왜 불편한지, 좋아하는 건지 싫어하는 건지를 알고 있어야 한다. 이런 것을 배울 수 있는 통로는 많다. 인터넷도 있고 학원에 가면 교재도 잘 나와 있다. 애견미용사가 되기로 마음먹었다면 강아지의 행동으로 알아볼 수 있는 표정, 바디랭귀지 등도 미리 배워보자.

나는 도전을 좋아하고
창의력이 있는 사람인가?

내가 하고 싶은 말은 애견미용사라는 직업에 대해 막연하게 접근해서는 안 된다는 것이다. 강아지를 좋아한다는 단순한 접근보다는 강아지에 대한 애착과 안쓰러움이 있어야 할 수 있다. 강아지는 살아있는 존재이기에 표현을 한다. 강아지가 좋아하는 것을 보고 힘들었던 일들이 다 사라져버리는 사람이라면, 애견미용사로 성공할 수 있다. 만약 내가 꼭 해보고 싶다는 생각이 반복적으로 든다면 직접 해보면서 내가 할 수 있는지, 만족도는 어느 정도인지 경험해 보는 것도 중요하다. 해보지 않으면 모르니까 말이다.

물론 애견미용사를 할 준비가 되어있지 않은 사람이 미용사가 되면 절대로 안 된다고 주장하는 것은 아니다. 각자 주어진 환경과 형편에 따라 지금은 맞지 않는다고 생각하거나 고려할 것이 많고 두려움에 그만둘지라도 시간이 흘러 다시 한 번 해봐야겠다는 생각이 들 때도 있기 때문이다.

실제로 자격증만 소지하고 있는 미용사들도 많지만 그만두었던 사람들이 돌아와 다시 시작하는 경우도 많다. 그때는 여러 상황에 의해 아니라고 생각했어도 시간이 지나면서 다시 생각이 바뀔 수 있는 것이다.

만약에 그런 사람들이 애견미용을 그만두었다가 다시 시작하면 충성도가 상당히 높다. 처음 마음가짐과 달라서 습득력이나 만족감, 성취감이 굉장히 높다. 그래서 더 많이 발전할 수 있다. 나는 꼭 해야겠다는 마음이 100%가 다 안 차더라도 70%라도 도전해 볼 만하다고 생각한다. 나머지 30%는 얼마든지 하면서 채울 수 있다. 방법은 생긴다. 준비과정이 100%가 안 되어도 얼마든지 시작해 보면서 알아갈 수 있다. 100%가 다 채워지길 기다리다가는 못할 수도 있다. 조금은 모자라도 도전해 보라.

애견미용사에게는 도전정신과 함께 창의력이 필요하다. 이 직업은 누가 시켜서 할 수 있는 일이 아니다. 내가 좋아해야 할 수 있는 일이다. 머릿속에 강아지에 대한 생각이 떠나지 않으면서

'어떤 스타일이 좋을까?'라는 것을 자꾸 생각해봐야 한다. 견종과 견체, 털의 모양과 색깔에 따라 너무나도 다양한 기술이 필요하기 때문에 자격증을 따기 위해 학원에서 배운 것으로 그친다면 실력이 퇴보하고 도태될 수밖에 없다. 수십 년 애견미용을 해온 사람들도 강아지의 스타일을 위해 끊임없이 연구하고 더 나은 기술을 터득하기 위해 노력한다.

나는 지금도 일이 끝나면 바로 집에 가지 않고 미용에 관한 책을 보거나 강아지에 대한 것을 연구한다. 누군가 나보다 잘하는 기술을 가지고 있다면 그 사람이 내 제자라고 할지라도 어떻게 했는지 물어보고 배운다. 고인 물은 썩는다. 전문가로 살아간다는 것은 계속해서 배우고 계속 연구한다는 말과 같다. 사람들에게 자꾸 새로운 스타일을 보여줘야 하기 때문이다.

따라서 애견미용사는 수동적인 사람보다는 주도적인 성향을 가진 사람에게 어울린다. 시키는 대로만 하는 것이 아니라 항상 새로운 것에 도전하는 사람에게 잘 맞는 일이다. 애견미용을 하다보면 '오늘은 또 무슨 일이 생길까?' 할 정도로 예기치 못한 일들이 많이 생긴다. 그런 상황들에 당황하지 않고 일처리에 분별력이 있고 이런 일을 크게 받아들이지 않는 사람, 다양하고 변화무쌍한 일이 일어나는 것을 즐기는 사람, 활동적인 사람들이 더 맞는 직업이라 생각한다.

용의 꼬리보다
뱀의 머리가 낫다

내가 늘 제자들에게 하는 말이 있다. '구멍가게 사장님도 사장님'이다. 용의 꼬리보다 뱀의 머리가 낫다고 생각한다. 미용실 하나 운영하려면 얼마나 많은 노하우가 필요하며 사업적 마인드가 있어야 되는지 아느냐고, 너희들도 사장님 마인드를 가져야 한다고 늘 강조한다.

미용사는 항상 자신이 오너라는 생각을 갖고 일해야 한다. 직원이라는 마음으로 일하면 발전이 없다. 우리는 1인 사장이다. 애견미용을 배우는 사람들은 내가 직원이자 사장이라는 생각으로 모든 것을 해야 한다. 애사심을 강조하는 것이 아니라 1인 사장이라는 마인드로 일한다면 성공할 수 있다는 뜻이다.

그래서 직원을 채용하더라도 '너는 직원이자 사장이다. 언젠가 숍을 운영하는 사장이 된다. 그것을 여기서 미리 연습한다고 생각하라'고 늘 말해준다. 애견미용은 신입으로 들어와 간부까지 되는 일반직장의 개념이 아니다. 자신이 나아갈 길을 배우고 경험하는 현장이다. 이런 마인드를 직원과 오너가 서로 공유하게 된다면 서로 발전할 수 있고 실제로 자신의 숍을 차렸을 때 실패확률이 낮아진다.

애견미용사를 하면
생기는 직업병

미용을 하기 전의 강아지와 미용을 하고 난 후의 강아지는 천지차이다. 견종과 견체에 어울리는 가위질을 하다 보면 달라져 가는 강아지의 모습이 보인다. 조금 더 다듬어야 할 부분이 보이고 이쪽과 저쪽의 균형을 맞추고 해당 강아지가 가진 단점을 커버하고 장점을 살리느라 한 마리 한 마리 할 때마다 성취감이 높다. 화가가 그림을 그리듯 밋밋한 얼굴에 화장을 해서 완전히 다른 얼굴을 만들어내듯 일단 미용을 시작하면 지금 하고 있는 작업에 완전히 몰입을 하게 된다.

게다가 상대가 강아지 아닌가. 두려움에 몸을 갑자기 움직이면 다칠 수도 있기 때문에 살아있고 말이 통하지 않는 상대에 초집중해야 한다. 미용테이블에 강아지를 올리고 가위를 들면 그때부터는 딴 생각을 할 겨를이 없다. 일의 특성상 멈추지 않고 계속하게 된다. 멈추면 다시 시작하는 것이 어렵기 때문에 한 번에 완성해야 한다는 생각도 있다. 그러니 일에 몰두하다보면 어느새 시간이 흘러 끼니를 자주 거르게 된다.

어디 밥뿐일까. 화장실 가는 것도 자꾸 미루고 참게 된다. 불규칙한 식사에 위장이 건강할 리 없고 화장실을 미루는 것 역시 건강에는 적이 된다.

또한 강아지가 테이블에 있기 때문에 내려다보며 팔을 들고 미용을 해야 해서 목과 허리 디스크가 많다. 그래서 미용사들이 지압이나 마사지를 받으러 많이 다닌다. 하지만 이렇게 다들 직업병을 갖고 있으면서도 아파서 그만두는 사람은 많지 않다. 재미있고 몰입하다보면 어느새 아픈 것을 잊게 되기 때문이다.

한번 미용을 시작하면 보통 몇 시간 동안 서서 해야 한다. 오래 서 있다 보니 허리가 아프고 발도 아플 수밖에 없다. 나는 한동안 족저근막염으로 서 있지를 못했다. 옛날부터 앉아서 미용하는 것보다 서서 하는 미용을 배워서 지금도 서서 미용을 한다. 목 디스크도 안고 산다. 강아지가 자꾸 움직이니까 미용사 역시 바른 자세를 취할 수가 없다. 강아지가 움츠리면 나도 같이 움츠리고 강아지가 돌아보면 나도 같이 돌아야한다. 테이블에 올라와 있는 것이 강아지에겐 공포니까 될 수 있으면 강아지에게 맞춰서 하게 된다.

그렇기에 이렇게 여러 가지 직업병을 달고 있으면서도 일하는 것을 쉬고 싶지가 않다. 병원에서는 쉬어야 한다고 말하고 목을 뒤로 젖히고 있으라고 말하지만 출근해서 강아지가 오면 또 아픈 걸 잊고 일하게 된다. 아마도 다들 나처럼 아파도 미용을 하는 순간에는 아픈 것이 생각 나지 않을 것이다. 내 자세가 어떤지에 대해 신경을 쓰기보다는 어떻게 하면 강아지가 스트레스 안 받고 힘들지 않게 빠르고 예쁘게 해줄까 하는 생각을 먼저 한다. 그러니 치료하고 돌아와서 미용을 하고 미용하고 치료하는 것의 반복이다. 이것이 미용사들의 숙명이라고나 할까?

특히나 내가 비숑을 브리딩 하다 보니 미용실에 오는 강아지들 중에는 비숑이 많다. 비숑은 털이 많고 사이즈가 크고 비숑 특유의 스타일링을 해야 하기 때문에 다른 강아지를 할 때보다 더 많은 에너지가 소모된다. 최근 10년 동안에는 비숑을 많이 했던 터라 더 많이 아팠다.

그런데도 비숑을 앞에 두고 미용가위를 집어 드는 순간 아픔은 까맣게 잊고 만다. 어렵고 힘든 만큼 미용과정과 결과에서 큰 희열이 느껴지기 때문이다. 비숑 한 마리의 미용을 마치고 나면 마치 예술작품 하나를 마친 것 같은 기분이 든다. 몰입해서 하나의 작품을 만들고 완성된 작품을 바라볼 때의 희열만큼 뿌듯한 게 또 있을까?

많은 미용사들이 돈을 떠나서 이런 보람 때문에 오늘도 내일도 가위를 든다. 미용을 하는 동안은 아픔을 잊고 재미있기 때문이다. 작품을 보고 만족할 때는 크고 작은 직업병 정도는 극복할 수 있다. 일에서 느끼는 보람 때문에라도 책임감 때문이라도, 고객과의 약속 때문에라도 말이다. 이 일이 주는 성취감과 만족감이 육체의 아픔 따위는 이겨버린다.

그래서 우리는 정말 좋아하는 일을 하면서 살아가야 한다. 일이 주는 행복과 만족이 없다면 하기 싫은 일을 하루 종일 해야 한다면 또는 목과 허리가 아프지 않더라도 하루 종일 불행하지 않을까?

죽는 강아지,
잃어버린 강아지, 아픈 강아지

한 장소에서 오랫동안 애견미용을 하다 보면 미처 생각하지 못한 어려움이 생긴다. 미용실의 고객인 강아지가 아프거나 나이 들어 사망하는 경우가 생기는 것이다. 미용과 케어를 해주던 강아지가 죽으면 나도 힘든데, 견주들의 마음은 오죽하겠는가. 자식처럼 생각하고 애지중지 케어하며 기르던 사람들의 상실감은 이루 말할 수 없다.

반려동물이 가족이라는 인식이 커지면서 펫로스 증후군으로 힘들어하는 사람들이 많아지고 있다. 똑같이 아침에 일어나 하루를 보내지만 나와 내 강아지에게 그 하루의 길이는 다르다. 강아지를 기르는 사람은 강아지의 세월이 더 빨리 흐른다는 사실을 잊어서는 안 된다. 아프거나 사고를 당하는 반려견도 있지만 건강하게 잘 자라도 20년의 세월이 채 흐르기 전에 반려견은 자신의 수명을 다하고 우리 곁을 떠나게 된다. 반려견을 떠나보내는 것은 가족을 떠나보내는 것과 같다.

이별의 순간이 오면 단순한 이별이 아니라 가족을 잃은 슬픔 그 이상으로 고통과 실연에 빠지게 된다. 반려동물의 죽음이 가까운 친구나 자녀를 잃었을 때와 마찬가지의 고통을 주는 것이다. 단순한 동물을 떠나보내는 심리가 아니라 그 이상의 슬픔이 온다. 기르던 강아지가 죽으면 '살아있을 때 더 잘해줄 걸', '아프기 전에 병원에 데리고 가볼 걸' 하는 미안한 마음이 든다. 잘해줬던 것보다 못해줬던 일들이 더 생각나고 오면 제일 먼저 반겨주던 모습, 함께 즐거웠던 시간들이 머릿속에서 떠나지 않는다.

그래서 미용을 맡겼던 강아지가 죽으면 다니던 병원이나 숍을 가는 것만으로도 고통스러워한다. 한 곳에서 오래 미용을 한 경우라면 그런 상황에 놓인 고객들도 점차 늘어날 수밖에 없다. 죽은 자신의 강아지가 생각이 난다고 우는 견주들도 있다.

어느 날 백화점 문화센터 수영장의 탕에 들어가 있는데 단골 고객이었던 해피엄마를 만났다. 푸들이었던 해피는 나이가 들어서 죽었는데 수영장에서 나를 보더니 해피 생각이 나서 눈물이 쏟아진 것이다.

어떤 분은 강아지를 떠나보내고 난 뒤 우리 숍 앞을 지나가지 못하고 빙 돌아간다고 했다. 지나갈 때마다 아이가 생각나기 때문이다. 또 어떤 분은 나를 만나는 것이 너무 괴롭다고 하는 분들도 있었다. 나는 그분들의 마음이 너무도 이해가 된다. 누구나 그런 경험 한번쯤은 있을 것이다. 잊고 살다가도 함께 했던 장소나 함께 들었던 음악, 함께 먹었던 음식을 보면 헤어진 그 사람이 생각나는 경험 말이다.

그런 이야기를 들을 때마다 어떤 말로 위로해야할지 몰라 힘들 때가 종종 있다. 나에게 남을 위로할 줄 아는 지혜와 말이 있다면 얼마나 좋을까 하는 마음이 들곤 한다. 위로해주는 기술과 재능이 없다는 게 그저 안타까웠다. 그 사람의 아픔이 고스란히 느껴지지만 위로해주지 못하는 내 마음이 무척이나 힘들었다. 그분들은 진짜 슬픈 거니까 내가 어떻게 위로해 줘야 그분에게 위로가 되겠는가?

나 역시 같은 아픔을 겪은 적이 있다. 내가 수입해온 강아지를 아는 지인에게 맡겼는데 그 사람이 그 강아지를 잃어버렸다. 추운 겨울이었는데 전단지를 만들어 뿌리면서 그 아이를 찾으러 온 구석구석을 찾아다녔다. 잃어버린 강아지가 죽었다면 시체라도 찾아야겠다는 마음이었다. 키우던 반려동물이 죽으면 결과라도 나올 텐데 잃어버리면 살았는지 죽었는지 알 수 없으니 그것이 너무 괴로웠다. 시체라도 찾기 전에는 잠도 잘 수 없을 것 같아서 동사무소며 문화센터, 노인정, 교회를 돌아다니며 안내방송을 하고 길거리마다 전단지를 붙였다. 유기견 보호센터는 물론 소방서와 경찰서까지 찾아가서 신고를 했다.

애가 타는 주인 마음을 주변 사람들이 알아주었는지, 다행히 산책하던 사람이 제보를 해주었다. 논바닥에 강아지가 굴러 떨어져 있는데 맞는지 가보라는 것이었다. 서둘러 가보니 정말 강아지가 논바닥에 쓰러져 있는데 죽은 지 오래 되었는지 새가 쪼아서 구멍이 난 채로 얼어있었다. 나는 곧바로 동물병원으로 옮겨 그 강아지를 화장시켰다. 얼마나 마음이 아프던지, 그때 강아지를 잃은 심정, 자식을 잃은 심정이 어떤 것인지 절실히 깨달았다.

예기치 못하게 떠나보내는 일들을 겪을 때 참으로 힘들고 아프다. 그러나 이런 마음 때문에 애견미용사들이 강아지에게 애정을 갖고 일을 계속 하고 있는 것이 아니겠는가.

애견미용사,
기계가 대신할 수 없는 유망직종이다

애견미용사는 몸과 기술을 써야 하는 기술직이다. 옛날 어른들 말씀이 기술 하나 가지고 있으면 평생 먹고 산다고 하지 않는가? 맞는 말이다. 몸이 아프지 않는 이상 할 수 있는 평생직업이라는 것이 장점이다. 특히 이 일은 기계가 대신할 수 없는 일이다. 요즘 많은 직업들을 AI가 대신하는 시대가 오고 있는데 강아지 미용만큼은 사람이 직접 해야 한다. AI가 대신할 수 없으니 언제 없어질지 모르는 불안한 직종이 아니라 애완동물을 기르는 한 언제까지나 각광받는 유망직종이다.

앞서 애견 인구가 1,500만이라고 했지만 더 면밀히 들여다보면 강아지를 키우는 가구가 많을 뿐만 아니라 한 집에 두세 마리씩 키우는 경우도 많다. 그만큼 펫사업이 커지고 있으니 장래성이 있다는 건 당연한 사실이다. 펫사업과 관련된 업종들이 대단히 발전하고 있는 것만 봐도 알 수 있다. 사망한 날을 기일로 삼아 제사를 지내는 집도 많고 강아지가 죽으면 많은 사람들이 장례식장을 찾아 화장을 하고 유골로는 스톤이나 생전의 강아지를 기억할 수 있는 추억의 물건을 만들기도 한다.

애견미용사라는 직업의 전망이 좋은 것은 확실하다. 하지만 쉬운 일은 아니다. 하루에 강아지 4~5마리만 미용을 해도 온몸이 다 아프다. 일한만큼 벌 수 있는 직업이라는 것이 장점이지만 이 말은 내가 하지 않으면 못 번다는 말과도 같다. 어느 직업이나 그렇겠지만 어느 정도 위치가 되어야 돈을 버는데 자리를 잡기까지는 힘들 수도 있다.

현실적으로 1년이면 만 명의 미용사가 배출된다. 거기에서 미용사로 남는 사람이 30%다. 또 자신의 직업으로 삼아 일하는 사람은 10%, 또 몇 년이 지나면 거기에서 더 줄어든다. 주변에 미용사 자격증이 있는 사람은 많을 것이다. 그만큼 유망직종이라 생각해 해보고 싶은 사람은 많지만 막상 해보니 성격적으로나 체력적으로 맞지 않을 수 있고 중간에 그만두기도 한다. 자신의 학업을 마치고 추가로 1년의 학교를 더 다닌다고 생각하면 된다. 아침에 학원에 10시에 와서 4시간 수업하는데 이것을 주 5일 동안 하는 것이다. 수많은 학원에서 사람들은 배출되지만 남아있는 사람은 많지 않다. 누가 견뎌내느냐에 달렸다. 견디는 자가 얻는 것이다.

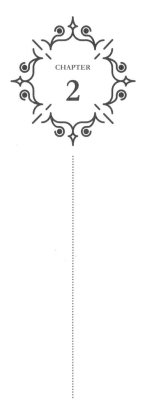

CHAPTER

2

대한민국 애견미용사
그리고 30년

애견용품 판매점
알바를 하면서 찾은 나의 꿈

2020년 기준으로 우리나라에서 반려동물을 기르는 가구는 638만 가구다. 네 집 중 한 집에서 반려동물을 기르고 있고, 그 인구는 무려 1,500만에 달하고 있다. 고양이, 토끼, 거북이, 햄스터 등 다양한 반려동물이 있지만 현재 국내에서 반려견을 기르는 집은 약 150만 가구나 된다. 이런 성장세를 증명하듯 요즘은 반려견 전용 동물 병원, 카페, 반려견 미용실과 호텔은 물론 강아지 유치원에 펫테라피스트, 장례 대행 업체까지, 반려견을 고객으로 하는 업종이 인기를 끌고 있다.

하지만 내가 처음 애견미용에 관심을 갖기 시작했던 때만 해도 반려견 관련 산업은 전무한 상태였다. 지금처럼 펫스타일리스트나 애견미용사 자격증을 취득해서 체계적으로 시작하기는커녕 애견미용사라는 직업 자체를 사람들이 모르고 있었다. 때문에 우리나라 초창기에는 대부분 강아지에 대한 특별한 추억과 관심이 애견미용사라는 직업으로 이어진 경우가 많다.

나의 스승이자 국내 최초의 애견미용사인 권상국 선생님은 1970년대 말에 지방에서 서울로 무작정 오셨다고 한다. 남산 근처에서 영업쪽 일을 하셨다. 주로 충무로 일대를 돌아다니며 영업을 하셨는데 그때 당시 애견분양사업이 활기를 띄면서 충무로 일대를 중심으로 분양 숍이 생겨나기 시작했고 덕분에 강아지들을 볼 일이 많았다. 강아지들을 보니 시골에서 키우다 죽은 강아지가 떠올랐고 넋놓고 강아지 구경만 하는 날이 많았다고 한다.

그런 스승님을 본 어느 점포 사장이 아는 지인의 동물병원을 소개해 주게 됐는데 동물병원에서 근무하며 강아지들의 지저분한 털을 다듬기 시작한 것이다. 소문으로 사람들이 찾아오면서 지금의 애견미용을 시작하게 되었다. 1983년 애견미용사라는 목간판을 달고 본격적으로 일하기 시작했다. 처음에는 미용실을 운영하다 1987년 충무로에 권상국애견미용학원을 설립하고 1988년부터 제자를 배출했다.

킴스애견미용학원의 김남진 원장님은 중학교시절에 텔레비전을 보다가 세퍼드가 활약하는 미국 방송을 보고 개의 영특한 매력에 빠지게 되었다고 한다. 시내에 있는 애견센터에 매일 강아지를 구경하러 갔고, 애견훈련소라는 것이 있음을 알고 애견훈련을 배우기 시작했다. 그러나 교통사고를 당해서 훈련사의 길을 걷기 힘들게 되자 충무로에 있는 애견미용실을 다니며 미용을 배우기 시작했다. 군대시절부터 애견 숍에서 하루에 대여섯 마리씩 미용을 하면서 본격적으로 애견미용사의 길로 접어들었다.

나 역시 마찬가지였다. 22살 때 처음 애견미용사를 시작해 30년쯤 되었는데, 첫 시작은 역시 어린 시절의 추억이었다. 마당이 있던 우리 집은 그야말로 동물농장이었다. 개, 고양이, 닭, 오리, 공작 등 별별 동물들과 함께 살면서 난 동물들을 무척 좋아하게 됐다. 고등학생이 되어 진로에 대해서 고민을 하고 있을 무렵 어머니가 평소에 동물을 좋아하는 나에게 지인이 운영하는 애견용품 판매점에서 한번 일해보라고 하셨다.

8평 정도 되는 작은 가게에 애견용품이 진열되어 있었고 사장님은 납품하러 다니느라 가게에는 거의 없었다. 하루 종일 가게를 지키고 있는 내가 사장이나 다름없었다. 손님이 오면 이 물건 저 물건을 권해드리고 손님들도 내 이야기를 듣고 물건을 사가시니 장사하는 재미를 느끼게 되었다.

그때 가게로 애견저널 잡지가 매달 한 부씩 들어왔는데 거기에 푸들 사진들이 실려 있었다. 털을 굉장히 예쁘고 화려하게 잘라 놓은 하얀색 푸들 사진을 보며 세상에 이렇게 생긴 강아지도 있구나 싶어 호기심을 갖게 되었다.

어느 날 한 손님이 두 마리의 푸들을 안고 가게에 왔다. 일전에 사장님이 그 아이들의 발톱을 깎아줬다면서 발톱을 깎아달라고 찾아온 것이었다. 그때는 전문적으로 애견미용을 하는 숍이나 애견미용사가 없으니 이렇게 애견용품을 파는 사장님이 간단한 미용들을 해주셨던 것이다. 손님이 사장님을 찾는데 나는 겁도 없이 아무런 경험도 없으면서 덥석 내가 할 수 있다고 말해버렸다. 그전에 사장님이 진돗개와 작은 개들의 발톱을 잘라주는 걸 어깨 너머로 본 적이 있는데 그걸로 내가 할 수 있다고 한 것이다. 그래서 처음으로 푸들의 발톱을 잘라줬다. 다행히 아무 사고 없이 끝났다. 한번 해본 그 일이 너무 좋고 재미있어서 강아지 케어에 관심을 갖기 시작했다.

얼마 후 다른 손님이 사자갈기처럼 풍성한 털을 가진 포메라니안을 데려왔다. 이번에는 털을 잘라달라고 했다. 그런데 어디를 잘라야할지 몰라서 사장님에게 전화를 했더니 사장님은 나에게 할 수 있겠느냐고 물으셨다. 한 번도 애견미용을 해본 적이 없었음에도 불구하고 나는 당돌하게 할 수 있다고 했다. 그랬더니 귀 끝의 잔털만 조금 잘라주라고 하셨다. 사장님의 말을 듣고 나름대로 털을 정리해 주었더니 견주가 너무 좋아했다. 그 모습을 보니 더욱 기분이 좋았다.

경험을 하면 할수록 재미가 있어서 강아지 미용이 적성에 딱 맞는 것 같다는 생각이 들었다. 그러다 또 한 손님이 푸들 털을 깎아줄 수 있냐고 데려왔다. 이번에는 포메라니안처럼 털의 일부를 정리하는 것이 아니라 전체적인 미용을 해달라는 것이었다. 전체를 깎아본 경험도 없었으면서 나는 해주겠다고 했다. 그리고 겁 없이 여태까지 살펴보았던 잡지책 사진들을 펴놓고, 가위를 들고 조심스럽게 깎기 시작했다. 그냥 사진에 있는 푸들의 모양만 흉내내본 것이었는데 다행히 생각보다 잘 되었다.

나는 어릴 때부터 손재주가 조금 있는 편이었다. 음식을 하던 무엇을 하든 손이 야무지다는 말을 많이 들었고 동생들 머리를 다듬어주고 학교친구들 머리를 잘라주기도 했다. 지금 생각해봐도 가위 만지는 재주가 조금은 남달랐던 것 같다. 그 손재주로 강아지 미용을 하고 무엇보다 내가 해준 미용에 대해 손님들이 좋아하며 돈까지 주고 간 것에 대해 뭐라 설명할 수 없는 기쁨을 느꼈다.

내가 아르바이트를 했던 곳이 애견용품 판매점이라 변변한 미용테이블이나 미용용품도 없었다. 간혹 있는 손님들의 요구를 들어주거나 사장님의 진돗개와 소형견들을 손질하는 작은 도구밖에 없었다. 강아지를 올려놓을 수 있는 테이블이 따로 있을 리도 없었다. 하지만 하고 싶은 일을 함에 있어 그런 것은 아무런 장애가 되지 않았다. 20kg짜리 사료포대를 켜켜이 쌓아 그 위에 신문지를 깔고 테이블 삼아 그 위에서 미용을 할 정도였다. 그런 열악한 상황에서도 이 일이 너무 재미있었다.

경험은 때로 한 사람의
운명을 결정한다

어떤 일을 해야 할 지 고민이 될 때는 다양한 경험을 해봐야한다. 어떤 일을 경험해보기 전에는 내가 그 일을 좋아하는지, 그일이 나에게 얼마나 매력적인지, 어떤 느낌인지, 내가 그 일을 잘할 수 있는지 알 수 없기 때문이다. 동물들을 좋아하기만 할 뿐 동물관련 직업을 가지려고 생각하지는 않았는데 몇 번의 미용 경험이 내 운명을 바꿔놓았다.

하지만 어디에 가서 배워야 애견미용을 할 수 있는지 알 수없었다. 사장님에게 물어봤더니 한국에는 애견미용을 배울만한곳이 없다고 했다. 그때가 1990년도쯤이었으니 당시만 해도 애견미용학원이 없었고 애견미용사라는 직업이 당시만 해도 생소한 직업이었다. 사장님은 나를 퇴계로 4가에 있는 애견미용실로 데리고 갔다. 당시 퇴계로 4가에 애견미용실은 딱 세 군데 뿐이었는데, 내가 처음으로 간 곳은 일본에서 애견미용을 배워 와서 막 차린 미용실이었다.

당시 나는 교회에 다니고 있었다. 예배는 꼭 참석해야 한다고 생각했기 때문에 일요일에는 근무할 수 없었다. 그런데 면접을 보러 간 첫 번째 미용실의 근무조건이 한 달에 두 번 휴무였다. 급여가 많고 적거나 가게 규모가 크고 작은 건 상관이 없었지만 일요일에도 출근해야하는 것은 나에게 매우 큰 고민이었다. 일요일만 쉬게 해달라는 것이 나의 유일한 조건이었는데 그것이 서로 맞지 않았다.

그러자 면접을 지켜보던 한 분이 권상국 실장에게 한번 데려가 보라고 했다. 당시에는 애견미용실이라는 간판 때문에 실장님이라고 불렀다. 그곳은 4평정도 되는 작은 애견센터였고 한쪽에 미용을 할 수 있는 작은 공간이 있었다. 수더분한 인상의 실장님은 내게 애견 미용을 해보고 싶으냐고 물었다. 간절했던 나는 '너무 하고 싶다'고 강력하게 어필했다. 실장님은 다행히도 일요일에 교회에 다녀올 수 있도록 배려해 주셨는데 이분이 내 스승이신 권상국 선생님이다. 그 뒤부터 나는 한달에 10만원의 차비만 받고 배우면서 일하며 애견미용의 길에 들어서게 되었다.

애견미용을 배우러 다니기 시작했을 때는 가족들이나 주변 사람들 중에서 지지해주는 사람이 아무도 없었다. 애견미용을 배우러 다닌다고 하니까 가족들은 물론 친구나 지인들도 시큰둥했다. 애견미용에 관한 이야기를 하면 대부분 '개를 미용해주는 데가 있어? 개도 털을 깎아? 너무 신기하다' 이런 식의 반응을 보였다.

부모님은 집에서 동물들을 관상용으로 키우는 것은 괜찮지만 딸이 그 직업을 갖는 것은 싫으셨던 것 같다. 애견미용을 한다니까 어머니의 반대가 이루 말할 수 없이 심했다. 강아지 만지는 일을 한다고 더럽고 불결하다며 집에도 들어오지 못하게 했다. 퇴근하고 집에 돌아오면 신발은 물론 옷까지 현관 앞에서 벗어야했다. 딸이 애견미용 하는 것이 얼마나 싫으셨던지, 더럽다고 옷을 밖으로 던지기까지 하셨다.

하지만 나는 어머니와 대립하지 않았다. 매일 이런 전쟁을 치렀지만 어머니의 잔소리를 한 귀로 듣고 한 귀로 흘렸다. 어머니는 화를 내며 머리를 싸맬 정도로 말리셨다. 그래도 나는 버텼다. 일을 끝내고 저녁에 오면 집안일을 했다. 딸 다섯 중에 둘째지만 당시 언니는 분가했기 때문에 내가 맏이처럼 했다. 집안일을 엄마 혼자 하기 어렵기 때문에 아무리 힘들게 일하고 들어와도 동생들 챙겨주고, 식사준비나 집안일을 같이 했다. 내가 하는 일을 인정받으며 집에서 살아남기 위해 어머니에게 트집거리가 될 상황을 만들고 싶지 않았다. 애견미용실 막내라 할 일이 많아서 퇴근을 늦게 하고 구박받으며 집안일까지 하면서도 버틸 수 있었던 것은 그만큼 간절한 꿈이었기 때문이다.

애견미용을 시작한 지 2~3년 지나면서 나도 개인 숍을 갖게 되었다. 그런데 그때까지도 내 직업을 문서로 작성할 때는 애견미용사라고 썼지만 말로 할 때는 애견을 빼고 그냥 미용사라고 했다. 그 당시에는 애견미용이라는 직종자체가 생소했고 이해도 없을 뿐 아니라 애견업 쪽에 대한 인식 자체가 낮은 사회적 시선과 분위기 때문에 나 자신도 떳떳하지 못했던 것 같다.

1990년대 중반부터 학원이 생기기 시작하고 애견미용사들이 배출되기 시작하면서, 애견미용사에 대한 사회적 인식도 점차 좋아졌다. 나도 미용 숍을 운영하면서 내 직업에 대해 더욱 당당해지기 시작했다. 어머니가 내가 하는 일에 대해 아무 말도 안하게 된 시점은 내가 미용사가 된지 10년이 흐른 뒤였다.

내가 애견미용을 하는 것을 반대했지만 사실 내 직업에는 어머니의 지분도 조금쯤은 있다. 어머니를 닮아 손으로 만들고 자르

는 것을 잘 하고 좋아했기 때문이다. 강아지미용을 안했으면 아마
도 사람미용을 했을 것이다. 어머니는 미용사가 되고 싶으면 강아
지미용사보다 사람미용사가 되길 바라셨다.

오랜 세월이 흘렀고 지금은 누구보다 어머니도 내 일을 지지
해 주신다. 열심히 해서 자신을 증명할 수 있다면, 세상에 설득하
지 못할 사람은 없다.

온몸으로 부딪히며
배운 기술은 배신하지 않는다

내가 권상국 원장님을 스승으로 만나게 된 것은 그야말로 행운이었다. 나보다 더 일찍 애견미용을 시작하셨기에 애견에 대한 무관심뿐만 아니라 공부를 하려해도 자료가 없고 배울 사람도 없던 시절을 혼자 이겨내신 분이 스승님이다.

스승님은 우리나라 애견 미용을 10년 이상 앞당겨 애견미용 후진국이라는 오점을 씻는데 공헌했으며 후배 양성의 필요성을 절감하고 우리나라에 애견 미용학원을 설립하신 분이다. 자신에게 주어진 의무와 사명이 무엇인지를 잘 알고 계셨기에, 매년 해외에 나가 선진 미용기술과 핸들러 기술을 전수받고 그 지식과 견문을 후배들에게 전수해 주며 지금의 애견미용 시장을 만들어 내셨다. 그리고 내가 그분의 가장 큰 수혜자 중 한 사람이다. 지금도 스승님은 나를 처음 만난 날을 회상할 때면 무척이나 당돌했던 아이로 기억하고 계신다. '눈에서 불이 나왔던 아이'라고, 아무것도 모르는 애가 '다 할 줄 안다'고 당돌하게 말했다고 말이다.

내 나이 스물 두 살. 힘들지만 좋아하는 일이 생겼고 꿈이 생겼으니 최선을 다해 볼 일만 남았다. 그렇게 애견미용을 시작하고 보니 예상했던 것보다 미용실에는 정말 많은 손님이 오고 있었다. 점차 일요일에도 쉬지 못한 채 1년 넘게 일하게 되었다. 당시 월급은 한 달에 10만원이었지만 일하면서 배우는 것이기에 금액은 중요하지 않았다. 애견미용을 배울 수 있다는 사실이 중요했고 내가 일하게 된 미용실은 최선의 장소였다.

애견미용은 흔히 쇼미용과 펫미용으로 나누는데 본질에 있어서 크게 다르지 않다. 쇼미용은 전문적인 시선과 식견을 가진 전문가들에게 평가를 받기 위한 것이고 펫미용은 고객에게 평가를 받는 미용이다. 권상국 원장님 미용실에는 주로 쇼미용을 의뢰하는 손님이 많았다. 권상국 원장님이 업계에서 대단히 유명하셨기 때문에 다양한 견종들이 몰려왔다. 그런 환경에서 미용을 배우는 것은 나에게는 큰 기회였다.

어떤 일이든 첫 출발을 믿을 수 있는 분과 할 수 있다는 것은 너무도 감사한 일이다. 퇴계로에 학원도 없고 미용실도 몇 개 없던 그 시절에 스승님과 함께 애견미용을 시작한 것은 축복이었다. 그분은 1세대 중 일인자여서 〈애견미용학원은 권상국〉이라는 타이틀이 지금도 따라 다닌다. 그분의 제자라고 하면 지금도 대접을 받고 빛을 본다. 그분이 애견 미용의 길을 여셨고 나는 그 길을 함께 닦으며 걸어올 수 있었다. 그렇게 한국애견미용의 역사에서 권상국원장님은 1세대, 나는 1.5세대가 된 것이다.

실수에 대처하는 법.
채찍을 줄 것인가, 당근을 줄 것인가?

　지금은 애견미용을 학원에 가서 기초부터 배우지만 당시만 해도 현장에서 온몸으로 부딪히며 배웠다. 집에서 강아지를 기르거나 강아지를 좋아하는 것과, 그 강아지를 붙들고 몇 시간 동안 털을 자르는 것은 완전히 다른 이야기다.

　집에서는 강아지를 예뻐하고 쓰다듬어주면 되지만 미용을 위해서는 강아지를 잡는 것부터 배워야 한다. 강아지 잡는 것에 익숙하지 않은 사람들은 미용을 하기 위해 강아지를 잡는 것부터 어려워하지만 어릴 때부터 동물을 만지는 것에 익숙했던 나는 현장에 바로 투입되었다.

애견미용을 위해서는 강아지를 씻기고 드라이로 털을 말리고 곱슬머리 털이나 엉킨 털은 빗질로 모두 펴야 한다. 그리고 빗질과 목욕, 미용의 모든 과정에서 사고가 없어야 하기 때문에 직접 미용을 하지 않아도 익혀야 할 일들이 많았다.

그뿐인가? 애견미용 외에도 할 일이 많았다. 오픈청소, 마감청소, 손님접대도 해야 할 일이다. 여러 마리의 강아지들을 다루기 때문에 가게를 열기 전에 청소를 모두 하고 가게 문을 닫으면서 청소를 하는 것만 해도 많은 시간과 에너지가 필요했다.

내가 강아지의 털을 직접 가위로 자르기 시작한 건 출근한 지 3개월이 지나서였다. 스승님께서 강아지의 한 쪽 털을 시범으로 잘라 보여주면 나머지 반쪽을 내가 자르는 식이었다. 그렇게 미용을 익힐 기회를 주는 것이었는데 나는 그 과정에서 미용 사고를 참 많이도 쳤다.

한번은 스승님의 명성을 듣고 온 한 손님이 포메라니안을 데리고 왔다. 당시 포메라니안은 굉장히 비싼 개였다. 하필 스승님이 자리를 비운 상태였고 나보다 조금 먼저 들어온 선배는 다른 강아지 미용을 하고 있었다. 하지만 미용을 해보고 싶은 마음에 나는 덥석 미용을 받고 말았다.

포메라니안은 귀가 뾰족하다. 그 뾰족한 귀를 곰돌이처럼 둥

글게 잘라주는 게 포메라니안의 기본적인 미용이다. 하지만 완전 초자인 내가 그 사실을 알 리 없었다. 나는 고민도 없이 포메라니안의 뾰족하게 생긴 귀 모양대로 클리퍼로 밀어버렸다. 귀가 뾰족하니까 당연히 생긴 모양대로 잘라야 한다고 생각했고 그것이 잘못되었는지도 몰랐다. 그 광경을 본 선배는 기겁하며 소리를 질렀다. 비싼 강아지라 더 기겁을 했던 모양이다. 그리고는 스승님을 찾으러 뛰쳐나갔다.

선배는 놀라서 난리법석인데 스승님이 와서 보더니 나에게 '왜 이랬니' 야단 한 마디 하지 않고 그 개의 반대쪽 귀도 내가 한 것과 똑같이 밀어버리셨다. 옆에서 선배가 "어떻게 하려고 그러세요?" 하고 깜짝 놀라자 스승님은 "그럼 없는 귀 털을 갖다 붙일 수 있어?"라고 하셨다.

담담한 말투였다. 실수한 나를 질타하지 않고 그렇게 감싸주신 것이다. 스승님은 고객에게 사과했고 고객은 잘못된 미용을 수긍하고 받아들였다.

누군가 잘못하고 실수했을 때 그에 대응하는 사람들의 방법은 다양하다. 어떤 사람은 더 잘하라고 질책을 하고 채찍질을 하는 사람도 있고 왜 그랬느냐고 잔소리를 할 수도 있다. 실망의 눈초리를 던질 수도 있고 비난하면서 책임을 지라고 할 수도 있다.

어떤 방법이 가장 효과적일지는 모르지만 나는 그때 나무라지 않고 허물을 덮어주신 스승님에게 큰 감동을 받았다. 덕분에 천방지축에 '나도 할 수 있어!'라던 당돌한 자만도 사그라지는 계기가 됐다. 그날 이후 나는 허드렛일이나 청소에 집중하면서 스승님 미용을 눈여겨보는 태도로 바뀌나갔다. 그리고 기회를 주면 감사한 마음으로 해보려고 노력했다. 오랜 시간이 흘렀지만 나 역시 제자들에게 그날의 스승님처럼 행동하려고 노력하게 만든 큰 교훈이었다.

지성이면 언제나
감천이다

미용실 영업을 마치고 나면 피로감은 컸지만 내가 해 보고 싶은 걸 연습할 기회로 생각했고 늦게까지 이리저리 뭐든 해보곤 했다. 그런 내가 기특했는지 스승님은 저녁이면 강아지를 한 마리씩 구해다 주셨다. 마지막 버스를 탈 수 있는 시간까지 최대한 이것저것 연습을 하곤 했지만 그 모양이 제대로 될 리 없었다. 다음 날이면 스승님은 내가 자른 강아지를 꺼내 다시 수정을 해 주시곤 했다. 그 과정에서 잘못된 점을 배우게 됐기 때문에 그야말로 최고의 수업이 되었다. 잘못된 곳들을 수정하고 자르는 과정은 무엇에도 견줄 수 없는 배움이었다.

후에 내가 연습했던 강아지들이 애견센터의 귀한 종견들이란 사실을 들었다. 유명하고 품종이 좋은 강아지들을 빌려와 제자인 내게 해볼 기회를 만들어 주신 것이다. 사고도 많이 치는 제자였지만 무엇이든 열심히 해보려고 애쓰고 노력하는 모습을 스승님은 예쁘게 봐주셨던 것이다. 그때 그 기회들은 오늘의 나를 만든 원동력이다.

시간이 조금 흐르면서 스승님의 손을 빌리지 않고 강아지를 내가 구해야겠다는 생각이 들었다. 애견센터에 직접 찾아가서 '강아지 미용을 해보고 싶은데 강아지를 줄 수 있는지' 부탁해보기로 한 것이다. 당시 우리 미용실 앞쪽에는 애견센터 네 곳이 있었다. 일단 내가 할 일은 그 사장님들에게 잘 보이는 일이었다. 지금이야 강아지 사료와 영양제가 다양하지만 당시는 그런 제품이 나오기 전이다. 때문에 애견센터들에서는 단백질을 충분히 주기 위해 사료 대신 닭 머리를 삶아 먹였었다.

나는 곧장 닭머리 삶는 일을 거들기 시작했다. 당시 퇴계로 애견센터 전체에 매일 저녁 6시만 되면 닭 삶는 냄새가 퇴계로4가에서 5가까지 진동을 했다. 큰 드럼통에 불을 지피고 닭머리를 푹푹 삶은 뒤 채반에 담아서 식을 때까지 기다렸다. 닭 머리가 어느 정도 식으면 장갑을 끼고 닭부리를 손으로 일일이 빼내고 난 뒤 나머지를 손으로 짓이겼다. 양도 많았지만 이제 갓 스물 두 살 남짓한 아가씨가 쉽게 할 수 있는 일도 아니었다. 거기다 시간과 정성을 들여야 하는 일이었다. 하지만 그렇게 닭머리 사료를 만드는 일을 거들어주면 사장님들이 좋아하셨고 어느 땐 용돈을 받기도 했다. 지금 생각해 보면 그 때의 나는 애견미용을 배우기 위해서라면 뭐든 할 자세가 되어 있었고 어떤 일에든 달려들 만큼 적극적이었다. 지금도 내 기억 속의 퇴계로는 닭 냄새로 남아있다.

이렇게 하다 보니 주변 애견센터 사장님들과도 친해지게 되었다. 사장님들은 우선은 스승님을 보고 강아지들을 빌려주셨고 너무 해보고 싶어 하는 내 열정을 기특하게 봐주셨던 것도 같다. 결국 노력하는 마음에 응답해준 것이다.

또한 지금은 패드가 있지만 그때는 신문지를 보급소에서 받아와 채 썰듯 썰어놓으면 그것이 강아지 패드와 잠자리였다. 밤마다 강아지들 잠자리에 넣을 신문지를 찢고 나면 손은 검정색 잉크로 항상 물들어있었다. 하지만 세월이 지난 지금도 그때가 힘들었다는 기억보다 재미있던 기억으로 더 남은 이유는 내가 사랑하고 좋아했던 일을 하고 있었기 때문이라고 생각된다.

이렇게 1년 정도 열심히 했더니 어느새 나도 누군가의 선배가 되어 있었다. 힘들고 열악한 환경에서 하는 일이었기에 오랫동안 버티는 사람이 별로 없었다. 그 당시 1년이면 상당히 긴 시간이었다. 정말 좋아했기 때문에 견딜 수 있는 시간이었다.

일 욕심은 세상에 없는 고객의
감동도 만들어낸다

애견미용을 시작한 지 1년이 조금 넘었을 무렵, 미용실 근처에서 가축도매업을 하는 사장님이 나에게 새로운 일자리를 소개했다. 롯데백화점 잠실점에 있는 애견 숍에서 애견미용실장을 구하고 있으니 한번 가보라는 것이었다. 애견미용사가 필요했는데 그동안 나를 눈여겨본 모양이었다. 우선은 하겠다는 대답을 먼저 하고 원장님에게 내입으로 백화점에 있는 애견 숍에서 실장으로 오라는데 가도 되겠느냐고 허락을 구했다.

그런데 지금 생각하면 절차가 잘못되었다. 실장자리를 추천받았다 하더라도 원장님께 먼저 말하고 원장님이 '그곳에 가서 해

보거라'고 허락을 받았으면 좋았을 것을, 그때는 어렸고 하고 싶은 마음이 앞서 절차를 미처 생각하지 못했다. 한 마디로 예의가 아니었던 것이다. 지금도 두고두고 죄송한 마음이 든다. 그런데도 원장님은 아무 말 없이 나를 보내주셨다. 어쩌면 이제 보낼 때가 되었다고 생각하셨는지도 모르겠다.

이렇게 해서 20대 초반에 롯데백화점 잠실점 애견미용코너에서 실장으로 일하게 되었다. 백화점에서 빌려준 작은 룸에서 미용을 하면서 다른 애견미용센터와 차별화를 위한 전략을 세웠다. 지금은 고객관리 프로그램이 잘 되어 있지만 당시에는 이런 것들이 매뉴얼화 되어있지 않았다. 그래서 고객관리를 위한 나름대로의 프로그램을 직접 만들어서 사용하기 시작했다. 한번 방문한 고객이 주기적으로 방문하는 고객으로 만들 목적으로 고객차트를 작성하고 나름의 이런 저런 패키지 프로그램을 만들어 고객관리에 들어간 것이다.

게다가 일욕심이 많아서 벅찰 정도로 강아지를 받았다. 그때는 빡빡이로 깎는 미용이 없었다. 그렇게 깎은 강아지들은 병이 있는 아이로 취급을 받았다. 피부병이 걸렸거나 치료를 목적으로 하지 않으면 빡빡이를 하지 않았기 때문이다. 모든 강아지는 가위로 전체 미용을 해야 했으니 하루 종일 바빠서 쉴 틈이 없었다.

가위로 미용하는 데 걸리는 시간도 문제였지만 강아지를 목욕시킨 후에 털을 말리는 시간도 문제였다. 6-7kg정도 나가는 코카 스파니엘이나 슈나우저 같은 큰 애들도 많이 왔기 때문에 손으로 일일이 말리려니 시간이 많이 걸렸던 것이다.

고심 끝에 나는 드라이룸을 만들었다. 강아지 케이지에 드라이로 훈훈한 바람을 쐬는 방식으로 50% 정도 털을 말린 상태에서 꺼내면 짧은 시간 안에 회전이 되었다. 기능적으로 어떻게 하면 빨리 할까를 연구했던 것이다. 백화점 마감이 7시였는데 영업종료 음악이 나올 때까지 미용을 하고는 했다. 그때부터 애견미용사라는 직업을 걸고 어린 나이였지만 많은 돈을 벌 수 있었다. 그렇게 일하는 재미가 더욱 커졌다.

바쁜 와중에도 하고 싶은 것은 어떻게든 하는 편이었지만 워낙 바쁘다보니 포기해야 했던 것들도 있었다. 첫 번째는 꽤나 진지하게 만나 온 남자친구가 있었지만 일에 집중하고 바쁘다 보니 시간 배려를 못해줘서 헤어질 수밖에 없었다. 두 번째로 포기한 것은 수면시간과 여가시간이었다. 세상에서 가장 공평한 것이 시간이라고 한다. 누구에게나 하루 스물 네 시간, 1440분의 시간이 주어졌지만 분 단위로 시간을 나눠쓰다 보니 남들보다 더 많이 일을 해온 것 같다. 대신 밥 먹는 시간과 잠을 자는 시간을 줄일 수밖에 없었다. 출근시간은 있어도 퇴근 시간은 없는 하루들이 많았다. 조금이라도 더 일하고 연구하기 위해서 잠을 포기한 것이다.

늦은 시간에 집에 들어가도 바로 잠들 수 없었다. 아무리 늦게 퇴근해도 집안일은 해놓고 자야했기 때문이다. 힘이 드니까 노동하시는 분들이 막걸리 한잔 하는 것을 이해할 수가 있었다. 늦게 일을 마치고 캔 맥주 하나 사서 한 모금 마시면 하루의 피로가 풀리는 것 같았다. 그때 마시는 술이 너무 맛있었다.

식사시간도 따로 없었다. 아침에는 출근하기 바빠 식사를 잘 챙기지 못했고 집중해서 일하다 보면 따로 식사시간을 챙길 여유가 없었다. 몇 십 년 동안 아침을 제대로 먹어보지 못했다. 늘 부족한 수면시간 때문에 아침밥 한 술 먹는 것보다 5분이라도 더 자는 것이 중요했고 출근 후에는 눈코뜰새 없이 바빠서 아침 겸 점심을 2-3시에 먹고 나면 밥시간이 없었다. 그러다보니 먹는 것에 대해 애착이 없어졌다. 밥이나 먹는 것에 대한 갈망이 자연스럽게 없어져 버린 것이다. 그냥 밥 때가 되니까 먹고 배고프니까 먹어야지 하는 것이지 맛있는 것을 일부러 찾아다니며 먹는 취미는 지금까지도 없다.

중요한 것은 어떤 사람에게는 무척 소중할 수 있는 몇 가지를 포기하고도 아무런 후회가 없다는 사실이다. 그만큼 내가 하는 일에 만족했고 그 일이 재미있기 때문이다.

목마른 사람이
우물을 판다

어떤 사건이 터졌을 때 그 사건이 불가항력이 아니라 인재였을 때 흔히 나오는 비판이 '매뉴얼조차 없었다'는 것이다. 건강한 조직을 판단하는 기준 중 하나가 바로 매뉴얼의 존재여부다. 어떤 업무가 수행되는 방법이나 작업 순서 등을 정리해놓은 매뉴얼이 있어야 어떤 매장에서 어떤 직원이 일하더라도 비슷한 프로세스와 시스템으로 돌아가고 돌발 상황이 생겼을 때 당황하지 않고 처리할 수 있다.

지금은 애견미용실이나 동물병원 애견센터 등에 매뉴얼이 잘 갖추어져 있다. 하지만 내가 배울 당시에는 체계적인 매뉴얼이 없었다. 선배인 미용실 실장님들이 매뉴얼화 된 것을 가지고 후배들에게 가르쳐주는 것이 아니라 자신들이 배운 것을 같은 방식으로 가르쳐주는 것이었다. 그러면 제자들은 몸으로 그 방식을 익혀야 했다. 미용을 배우는 동안 가장 어려웠던 것이 바로 그것이었다.

사람도 사람마다 머릿결이나 두발상태가 달라서 똑같은 미용을 해도 각자 다르게 나오는 것처럼, 강아지들도 각자 털의 모양과 모질의 상태가 달라서 같은 미용을 해도 다른 결과가 나온다. 실장님이 하는 것을 보고 그대로 따라 해도 똑같은 결과가 나오지 않았다. 게다가 미용이 어려운 강아지들이 있는데 그것을 구별할 수 없었다. 제대로 된 미용을 위해서는 견체 공부를 많이 해야 하고 그 견체에 맞는 스타일은 현장에서 바로바로 배워야 된다. 그런데 매뉴얼이 안 되어 있어서 그 방식을 기억해 몸으로 익혀야 하는 거였다.

목마른 사람이 우물을 판다고 하지 않던가? 백화점에 근무하면서 매뉴얼을 만들었다. 힘들고 어려운 스타일은 집에서 따로 공부하며 연습해보고 싶은데 애견미용에 관한 교재나 매뉴얼이 없으니 내가 직접 찾아서 공부하고 연구해가며 만든 것이었다.

한국의 애견미용기술은 일본에서 들어왔기 때문에 당시에는 미용실마다 일본의 애견 잡지들이 많이 있었다. 그런 잡지들을 집에 가지고 가서 잡지 속의 강아지 사진에 습자기를 대고 연필로 그린 다음, 그것을 모눈종이에 옮겨 그렸다. 똑같은 몸체를 만들어서 크게 확대시켜 A4용지에는 2마리, A3용지에는 4마리 복사를 해서 거기에 색깔도 입히고 나름대로 강아지 스타일링을 했다. 다양한 모양으로 스타일링을 한 후에 코팅을 해서 핸드메이드 스타일링 북을 만들었다. 그것을 미용실에 가져가 손님들에게 그 스타일을 보여주고 마음에 드는 것을 고르도록 했다. 내가 생각해도 참으로 창의적이고 진취적이었던 것 같다. 일본 잡지였기 때문에 문제는 일본어였는데 당시 교제했던 남자친구가 일본어를 잘해서 번역을 부탁했다.

사실 이렇게 하기까지가 참 힘들었다. 하지만 보람도 있었다. 후배들을 가르칠 때는 내가 열심히 만들어놓은 것으로 가르쳐주었다. 비록 나는 길이 없는 거친 숲길을 힘들게 걸어갔지만, 길이 없는 험한 곳이라도 한 사람이라도 힘들여 걸어가면 그의 발자취가 곧 길이 되는 법이다. 누군가 걸어간 흔적을 따르면 뒷사람은 조금 덜 힘들고 그렇게 여러 사람이 걸어가면 그게 바로 길이 아닌가!

아무도 하지 않은 일을 하느라 맨바닥에서부터 하나하나 만들어가야 했지만 생각도 많이 하고 연구를 많이 한 결과물이었다. 그래서인지 지금도 내가 만들었던 스타일링북이 상당히 남아있다.

길을 내는 작업이 어려웠지만 그만큼 남들이 경험하지 못한 재미도 있었다. 알고자 하는 마음이 강렬했기 때문이다. 내가 궁금해서, 알고 싶어서 한 것은 누구에게나 굉장히 행복을 주는 것 같다. 즐기는 자는 이길 수 없다라는 말도 있지 않은가!

때로는 넘어지는 것도
나쁘지 않은 경험이다

살다보면 누구에게나 슬럼프가 온다. 나 역시 마찬가지였다. 애견미용사를 천직으로 여겼기 때문에 이 길을 걷는 것을 당연한 것처럼 생각하면서 살았다. 그럼에도 불구하고 슬럼프에 빠진 적이 있다.

나와 사귀던 사람은 내가 늘 바빴기 때문에, 그는 나에게 엄청난 배려를 해주었다. 지금 생각하면 한 사람의 전적인 양보로 이뤄지는 관계가 그에게는 불편했을 수도 있다. 하지만 나는 늘 그게 당연한 것처럼 생각했다. 나는 당시 '여자라서' 라는 말을 듣기 싫어서 더 열심히 했고 너무나 바빴고 그는 늘 양보를 해주었다. 나는 그에게 내 여유시간만 내주었지 일에 대한 것은 양보하지 않았다. 나에게는 내가 하고 있는 일이 더 중요했던 것 같다.

지금 생각하면 너무 당연한 일이지만 결국 우리는 헤어지게 되었다. 그와 헤어지자 그 사람보다 더 중요하게 생각되었던 일이 시들해졌다. 일에 능률이 오르지 않았다.

불행은 혼자 오지 않는다는 말이 있다. 겪어보니 맞는 말이었다. 사귀던 사람과 헤어지기 전부터 나는 브리딩도 10여년 정도 해오고 있었다. 그런데 쇼독으로 키우고 있던 강아지가 다쳤다. 미니어처 푸들을 번식하면서 좋은 강아지를 구해서 새끼를 낳아 야심차게 준비한 강아지였다. 당시 나는 동물병원을 인수해 직접 운영하고 있었다. 애견미용을 하면서 수의사를 고용해서 운영 하고 있었는데 수의사도 내가 심혈을 기울여 도그쇼를 준비하고 있다는 것을 알고 있었다. 그가 새벽에 처치를 해야 할 것이 있었는지 병원을 방문했는데 술을 마시고 입원할 강아지를 들여다보러 온 거였다.

그 시간에 들어오니 강아지들이 동시에 짖어댔다. 술에 취한 그는 새벽에 강아지들이 짖어대니까 조용히 하라고 발로 걷어차고 주먹으로 친 모양이었다. 스테인리스로 된 철장과 밥그릇들이 다 구겨질 정도로 강아지를 때려서, 두세 마리가 이빨이 부러지고 피가 터졌다. 놀랍게도 수의사라는 사람이 그렇게 해놓고 그냥 집으로 가버렸다. 바닥에 피가 낭자하고 강아지들 다쳐있는 것을 보고 깜짝 놀란 사람은 아침에 출근한 직원이었다.

급한 연락을 받고 갔더니 미니어처 푸들 탱고는 골반이 골절된 상태였다. 얼마나 아이를 쳤으면 이 정도일까 기가차서 말이 나오지 않았다. 내가 얼마나 애지중지 하면서 키우는 강아지인지 훤히 알고 있는 사람이 그렇게 했다는 것이 믿어지지 않았다. 수의사는 술이 깬 뒤 출근해서 무릎 꿇고 사과를 했다. 내가 얼마나 노력하며 키운 자식인데, 이렇게 만들어놓다니, 나는 그날로 바로 해고했다. 그 강아지는 걷지도 못했고 쇼도 뛸 수 없게 되었다. 근육을 만들어서 다리를 디딜 수 있도록 매일 재활운동을 시켜줘야 했다. 강아지가 그렇게 되다보니 그에겐 더 신경써주지 못하게 되었고 결국은 헤어지게 된 것이다.

공들였던 강아지가 그렇게 되고 연인도 떠나고 보니 슬럼프가 오게 되었다. 조금 쉬어야겠다는 생각이 들었다. 고심 끝에 강아지들을 다 데리고 스승님을 찾아갔다. 나 대신 잘 키워달라고 부탁하고 가게를 접었다. 사람도 바꾸고 환경도 바꾸고 모든 것을 바꾸고 새로운 곳에서 다시 시작하자는 마음을 갖고 15년간 해오던 애견미용숍을 하루아침에 접었다.

몇 달 동안 가만히 있어보았다. 쉬면 마음도 몸도 편안해질 줄 알았는데 오히려 마음이 더 답답했다. 결국 나는 무언가를 해야 살맛이 나는 사람이었다. 다시 계획표를 짜기 시작했다. 프렌차이즈를 해야겠다는 마음을 갖고 시뮬레이션을 하기 시작했다.

그런데 그 사이에 프랜차이즈로 운영하는 대형 동물병원에서 본부장으로 오라는 제안을 받았다. 생각만 하던 것을 직접 가서 배울 수 있는 좋은 기회였다. 무조건 알겠다고 수락을 했다. 나에겐 프렌차이즈 운영방침을 배우는데 더없는 기회가 되었다.

돌아보면 슬럼프에 빠져있던 시간들도 헛되지는 않았다. 의도적인 것은 아니었지만 실패하고 쉬고 나서 더 큰 도약을 할 수 있었다.

때로는 넘어지는 것도 나쁘지 않은 경험이다. 슬럼프를 이겨내려고 아등바등하지 말고 오히려 잠시 바닥까지 내려가도록 두는 것도 좋다. 내가 정한 밑바닥 마지노선까지 놔뒀다가 거기에 도달하면 다시 일어날 시점이 왔다는 것을 생각하면 된다. 기다리다 보면 뭔가 해야겠다는 마음이 다시 들게 된다. 동트기 전이 가장 어둡고 겨울이 깊어지면 봄이 오는 법이다.

나에게 배운 사람들이
인정받는 것도 자부심을 키워준다

애견미용실을 운영할 때 혼자서 모든 것을 할 때가 있었다. 너무 바쁘고 일이 많아서 돈 쓸 시간도 없었다. 그때 들고 다니는 일수지갑이 유행이었는데, 그 지갑 양쪽에 현금이 가득 차서 닫히지 않을 정도였다. 그때가 20대 중반이었는데, 젊은 나이에 바쁘게 일하면서 그렇게 돈을 벌 수 있다는 것이 스스로도 대견했고 그만큼 성취감도 컸다.

당시 돈을 많이 벌다 보니 남들은 십여 년씩 해도 창업이 어려운 동물병원을 운영했다. 직원만 10명 정도였는데 애견미용실도 함께 운영하여 그때 직원들은 일하면서 애견미용을 배우는 사람들이었다. 후에 그 직원들이 독립해 나가 자신의 숍을 하나씩 오픈할 때마다 보람을 느꼈다.

학창시절에는 활동적이고 스포츠를 좋아하다보니 친구들이 많이 따랐고 인기도 제법 있었다. 집에서도 다섯 자매 중 둘째여서 내 고민보다는 동생들이나 친구들 고민을 들어주고 해결해주는 역할을 많이 했다. 그래서인지 변호사나 방송인처럼 사람들을 설득하고 말로 할 수 있는 일을 하면 좋겠다는 꿈이 막연하게 있었다.

그런데 뜻밖에도 애견미용학원을 운영하면서 그런 성향이 도움이 되었다. 학생들에게 기술을 전달해야 할 때 보다 쉽고 간단하게 전달하는데 도움이 되는 것 같다. 나만의 방법으로 해석해서 가르치는 스타일이다보니 학생들로부터 이해하기 쉽다는 평도 들을 수 있었다.

학생들을 가르치는 것도 재미있고 보람 있지만 그보다 더 큰 즐거움과 행복을 느꼈을 때는 나에게 배운 제자들이 인정을 받을 때였다. 비숑프리제와 펫미용을 배우러 온 20대 초반의 남자 제자와 구미에서 올라온 20대 후반의 여자 제자가 있었다. 그 두 사람은 내가 운영하고 있는 미용실 두 곳에 출근하며 미용을 배우고 브리딩도 하고 도그쇼도 같이 나가곤 했다.

한번은 비숑 프리제 스페셜티쇼에 함께 출전했다. 참가한 강아지 전체에서 1등 한 마리를 뽑고, 프로가 아닌 아마추어 강아지 한 마리, 이렇게 딱 두 마리의 수상자를 토너먼트 방식으로 뽑는 대회였다. 그 대회에 내 제자가 아마추어로 출전했고 나도 단테(당시 내가 쇼독으로 키운 비숑 프리제)와 함께 출전했다. 알다시피 토너먼트 방식은 참가자들이 클래스를 이루어서 겨루고 진 강아지는 탈락시키고 이긴 강아지끼리 또 겨루게 된다. 한 번씩 이기고 위로 올라갈 때마다 짜릿한 즐거움과 기대치가 배가된다. 그 대회에서 토너먼트를 다 이기고 올라와서 아마추어 1등으로 뽑힌 강아지와 사람이 바로 내 제자였다.

그 대회에서 1등 수상자에게 수여하는 상품은 내가 후원한 것이었다. 내가 가르친 제자가 1등을 차지하며 내가 후원한 상품까지 받게 된 거였다. 게다가 그 대회에서 전체 1등 수상자가 바로 단테와 함께 출전한 나였다. 최고의 상 두 개를 우리가 모두 가져오게 된 것이다. 완벽한 1등이었고 우리는 너무 기뻐서 서로 얼싸안았다. 기쁨과 보람이 공존했던 순간이었다. 스승과 제자가 같이 상을 탄 것에 대해 많은 사람들이 축하해 주었고, 주변 사람들에게도 많은 도전의식을 심어주었다.

이 제자가 바로 도그쇼 1호 제자다. 내가 프로 핸들러가 아니었기 때문에 1호 제자를 가르칠 때는 나도 함께 배워가면서 함께 성장했다. 내가 조금 더 안다는 이유로, 기초적인 것부터 내가 아는 것과 내가 공부한 모든 것을 다 전수했다. 미용사 자격증이 있어야 애견미용을 할 수 있는 것처럼 핸들로도 자격증이 필요하다. 핸들러 자격증은 강아지의 장점은 부각시키고 단점을 보완하여 최대한의 매력을 이끌어 내기 위한 자격증이기 때문에 다양한 견종에 대한 지식과 견체학, 애견미용 등 전체적인 지식과 실무가 요구된다. 핸들러 자격증을 취득한다면 도그쇼에서 최고의 견으로 돋보이게 하는 업무를 담당하게 된다. 인정받는 훌륭한 핸들러가 되려면 자격증 취득뿐 아니라 실전 경험이 중요하다.

내 제자가 프로핸들링 자격증을 따는 대회에 나갔을 때는 마치 내가 나간 것처럼 긴장되었는데 뜻밖에도 핸들러 대상을 두 번이나 받게 되었다. 그때 그는 국제대회에 출전한 운동선수가 우승 후에 코치에게 달려가는 것처럼 나에게 달려와 붙들고 마구 울었다. 가슴이 벅차올랐고 무한감동이 몰려왔다. 그런 모습을 보고 "아직도 이런 스승과 제자가 있다니!"하고 주변 사람들이 감탄하는 것을 들었을 때 너무도 기뻤다. 그야말로 자식을 키우듯 가르쳤는데 그렇게 잘 성장해 주니 뿌듯했다.

이렇듯 남다른 사제관계가 되는 것은 한 사람의 노력으로는 어려울 것이다. 사제지간도 서로 주고받아야 한다. 그가 나에게 배웠지만 나도 그에게 배웠고 내가 그를 신뢰하기에 그도 나를 신뢰하는 것이다. 사람과 사람 사이의 관계는 일방적으로 이루어지지 않는다. 내가 먼저 다 주니까 그도 다 주는 것 아니겠는가. 내가 먼저 마음을 열어야 상대도 마음을 연다.

그때도 지금도 나는 무엇인가 여지를 남겨놓고 주려는 사람은 키우지 않는다. 내 것을 조금 주고 상대의 것을 조금 더 많이 가져오려는 마음, 그것은 진정한 관계가 아니다. 남아있는 모든 것을 헌신적으로 내어주어야 하지 않겠는가? 가진 기술을 나누는데 아끼지말아야 훌륭한 제자가 남는다.

'비숑하면 오드리'라는 말이
나오도록!

애견미용업계에서 끊임없이 많은 제자들을 길러내고 있다. 내가 처음 애견미용을 시작할 때 그랬던 것처럼 나도 처음에는 단순하게 일손을 덜기 위해 견습생을 두었다. 제자를 양성해야겠다는 생각으로 시작한 것은 아니었다. 나도 내 스승님에게 일하면서 배웠으니 나도 그렇게 하려는 것 뿐이었다. 내가 좋아하는 이 직업을 재미있게 더 많이 하고 싶어서 부족한 일손을 채우기 위해 고용한 사람들이 하나둘 제자가 된 것이다.

처음엔 일손이 부족해서 고용을 했으니 그 사람들이 내가 하는 것처럼 미용을 해야 하는데 내가 원하는 결과가 나오지 않았다. 그들은 다른 사람들에게 각기 배워왔기 때문에 제각기 스타일이 달랐다. 그렇기 때문에 그들을 매번 기본적인 것부터 가르쳐야 하는 상황을 여러 번 겪게 되었다. 같이 일하려면 손발이 맞아야 하는데 손발이 맞으려면 내가 가르쳐줘야 했다. 일과 배움을 병행해줘야 했기에 그만큼의 대가를 줘야했고 그래서 견습생이라고 부르게 되었다.

처음 직원을 경험한 다음부터는 견습생을 뽑아서 가르치면서 일을 했다. 그 무렵 학원이 막 생기기 시작할 때라 학원에서 어느 정도 배워서 온 사람들을 뽑았는데 지원자들이 상당히 많았다. 다른 사람에게서 교육받은 사람은 어차피 내 식으로 다시 교육을 해야 했는데 애초에 기술은 제로라고 생각하고 기술보다는 그가 가지고 있는 개념과 인성을 보고 뽑았다. 최소한의 기본적인 매너를 갖추고 있는 사람, 스스로를 꾸밀 줄 아는 사람을 뽑았다. 서너 명 정도의 견습생을 뽑아서 그들을 가르치면서 일을 했더니 그 경과와 결과가 무척 마음에 들었다.

견습생을 가르쳐보기 전까지는 손님들의 칭찬이 내가 하는 일의 보람이었는데 몇 명 되지 않은 견습생이지만 그들을 가르치면서 또 다른 보람을 느끼게 되었다. 알려 주고 싶은 마음이 커서 그들을 늦게까지 붙잡아놓고 가르치곤 했다. 저녁에 가외시간을 활용해서 다음날 올 강아지 스타일을 미리 알려주었다. 내가 어떻게 해야 하는지 가르쳐주면 다음날 견습생들은 그것을 해내곤 했다. 그것이 그렇게 기특할 수가 없었다. 견습생을 1년 정도 하고 나면 견습생들의 기술이 확연히 좋아졌다. 하루가 다르게 일취월장했다. 초보가 와서 능숙하게 해내는 미용사가 되는 것을 지켜보는 일은 행복 그 자체였다.

게다가 나에게 배우고 나간 제자들은 다른 곳에 취업하여 그 실력을 마음껏 발휘했다. 우리 견습생이 미용사가 되어 취업한 업장 주인들로부터 '김수경씨에게서 배우고 김수경씨에게 소개받은 사람들은 다들 기술이 좋다'는 말을 들을 때면 보람과 자부심이 생겼다. 실력이 좋아서 일까, 제자들은 남들보다 월급도 더 많이 받았다.

나는 '일을 즐겁게 해야 한다'라는 것을 제자들에게 항상 말했고 말뿐만 아니라 내가 즐기면서 일하는 모습을 직접 보여주고자 노력했다. 내가 즐겨야 우리의 고객인 견주와 강아지도 즐겁고 미용의 결과물과 견주의 만족도도 높아진다. 내가 즐기면서 일하는 모습을 봐온 제자들도 다른 곳에서 즐겁게 일하면서 실력을 발휘하니 평가가 좋은 것이었다. 내가 제자들을 키운 것 같지만 내 명성이 높아진 것은 제자들의 역할이 컸다. 제자들에게도 인정받고 내 제자들을 채용하는 사람들에게도 인정받으면서 점차 인지도가 높아지게 되었기 때문이다. 오랜 세월 동안 미용실을 운영하며 계속 제자들을 배출하고 창업과 취업을 지원했다. 그 제자들은 결혼해서 아이를 낳고도 지금까지 연락을 해온다.

미용을 가르치면서 가르치는 재미가 커지자 학원을 해야겠다는 생각이 자연스럽게 들었다. 그래서 가장 애착을 가지고 있을 뿐만 아니라 미용하기 어려운 견종 중 하나인 비숑프리제 전문미용학원을 시작했다. 10명 정도 규모로 기수별로 모집했다. 당시 많은 학원들이 인원수 제한 없이 1년 과정으로 학원을 운영할 때였다. 어느 정도 명성은 있었으니 돈을 많이 벌기 위해서는 대형 미용학원을 운영해야 했지만, 그러면 많은 수강생들을 많이 받았겠지만 나는 차별화를 두어 비숑 프리제만을 위한 비숑 전문 학원을 운영했다.

수강생은 10명으로 정원을 제한했고 제로에서 시작하는 사람이 아닌 이미 미용을 하고 있고 그중에서도 비숑을 배우고 싶어 하는 사람을 대상으로 했다. 그래서 '비숑하면 오드리'라는 말이 나오도록 만들고자 한 것이다.

일반 학원이 애견미용을 처음 시작하는 사람을 위한 것이라면 나는 이미 기본기가 구축된 사람들 중에 비숑을 하고 싶은 사람들을 뽑아 제대로 배우게 하는 것이 목표였다. 사람이 많으면 전달하는데 한계가 있다. 적어도 나에게 배우는 사람은 비숑프리제 미용기술을 완전히 습득하게 해주고 싶었다. 많은 사람이 와서 조금만 알고 가는 것보다 나에게 배운 사람 전부가 전문가가 되었으면 좋겠다는 마음에 꼭 필요한 사람이 와서 끝까지 하길 바랐다. 그러다보니 하다가 그만두는 사람이 하나도 없었다.

그 당시 미용학원 대기인원이 상당히 많았다. 견물생심이라고 했던가. 대기인원들을 전부 받아서 돈을 벌고 싶은 욕심을 낼 법도 했지만 그런 유혹을 뿌리치고 항상 기수별로 수업을 진행했다. 이렇게 가르쳤기 때문에 내 제자들은 미용시험을 보러 가면 100% 합격하고, 비숑 프리제 상위 클래스에서 항상 수상을 하고 왔다. 눈높이에 맞춘 교육이 얼마나 중요한지도 알게 되었다.

그러나 학생의 수요가 많아지자 더 이상 소수의 사람들만 고집하기 어렵게 되었다. 그래서 일반 애견미용학원과 비숑 프리제 전문학원을 같이 운영했다. 기초부터 가르쳐서 고급 클래스까지 마치도록 하면 좋겠다는 생각에서였다. 오드리 비숑학원을 졸업한 학생이라면 어디서나 환영받고 그 미용 실력 또한 인정 받아야 했고 그 기대는 차고 넘치고 있다. 현재 비숑 전문 미용실을 운영하고 있는 제자들이 이를 뒷받침 하고 있다.

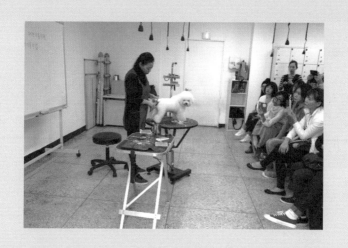

애견미용의 가격 정상화,
미용사로서의 자존심을 지키다

오랫동안 일을 해왔던 만큼 나름대로 한국애견미용 발전을 위해서 기왓장 한 장 정도는 얹었다고 자부한다. 그 중에서도 업계에 이바지한 점이 있다면 애견미용의 가격을 높이는데 일조했다는 사실이다.

지금의 애견 미용 가격은 누가 어디에서 하느냐에 따라 달라지기는 하지만 평균적으로 마리당 6~7만 원 정도다. 그전에는 2만 5천원이었다. 그런데 30년 전 애견미용 초창기에는 미용사들이 별로 없었고 온몸을 빡빡 깎는 미용은 병든 강아지만 하는 거라고 생각하고 온전히 가위로 미용을 했기에 가격이 6~8만원 정도였다.

그런데 1990년대 이후 애견미용학원과 애견미용실이 우후죽순처럼 많이 생기면서 미용비가 거꾸로 가고 있었다. 20여 년 전 애견미용 가격은 빡빡이 9천9백 원, 스포팅 2만5천 원, 전체가위 3만 원 정도였다. 당시 한 마리에 9천9백 원짜리 광어회가 유행했는데 우리끼리 그것을 빗대어 광어미용이라고 불렀다. 세월이 흐르면서 모든 가격이 상승하는데 미용에 대한 것만 후퇴하고 있었던 것이다.

　이유는 간단했다. 수요에 비해 공급이 많았다. 애견미용학원이 많이 생기면서 절실한 사람보다 '애견미용사들이 돈 많이 번다는데 나도 한번 해볼까' 하며 쉽게 접근한 사람들이 많았다. 애견미용학원에 붐이 일었을 때는 한 학원에 수강생이 200명씩 있었다. 그러니 얼마나 많은 애견미용사들이 쏟아져 나왔겠는가!

　애견미용사들이 넘쳐나니 가격경쟁력이 떨어질 수밖에 없었다. 그 많은 사람들이 기술을 제대로 습득하지 못하고 쏟아져 나오면서 어려운 미용은 안 하거나 못하다 보니 빡빡이가 유행하게 되었다. 강아지 몸매대로 바리깡으로 밀면 되는 것이 빡빡이 미용이었기에 한 시간이면 미용이 끝났고 미용비도 만 원, 2만5천 원, 3만 원이었다.

그런데 그때 당시 나는 가위 컷을 고집하며 미용비를 과감하게 올렸다. 미용비가 너무 싸다는 것이 불만이었다. 쉬운 미용이 유행하고 미용비가 후퇴해서는 안 된다는 생각에 미용실을 옮기면서 미용비를 과감하게 7~9만 원 선으로 올렸다. 그래봤자 초창기 미용가격 수준이었다. 강아지가 크면 일도 많고 힘이 들기 때문에 소형견종과 대형견종의 미용비는 다를 수밖에 없다. 그래서 애견미용은 몸무게 kg 수에 따라 달라진다. 보통은 5kg, 7kg, 9kg 마다 5천원씩 올리는데 비해 나는 3kg, 4kg, 5kg… 1kg 마다 만 원씩 올렸다.

또한 털 길이와 스타일에 따라서 디테일하게 손님이 직접 고르도록 세분화시켜서 매뉴얼을 만들었다. 피자가게에서 토핑에 따라 가격이 달라지듯, 음식점에서 사리를 추가하면 추가비용을 받듯 강아지 미용을 할 때도 더 어렵고 시간이 걸리는 미용을 선택하면 추가비용을 받는 방식이었다. 당시 일본의 미용가격이 그런 방식으로 형성돼 있었고 합리적이라고 생각되었기에 나도 일본의 미용비 방식을 접목한 것이다. 그 덕에 즐겁게 미용을 하고 예쁘게 스타일링을 하는데 집중할 수 있었다.

물론 처음에는 힘들었다. 다른 곳에 비해 미용비가 비싸다보니 당연한 일이었다. 미용을 하고 몇 달 지나면 어차피 털은 다시

길 테니, 기왕이면 싼 곳으로 가자는 심리가 당연했다. 나도 비용이 싼 미용실로 옮겨가는 고객을 이해했다. 그러나 미용비를 타협하고 싶은 마음은 없었다.

그렇다고 내 기술을 발휘하지 않고 싼 값에 맞춰 미용을 해주기도 싫었다. 나도 자존심 버리고 빡빡이 미용을 하려면 할 수 있지만 자존심이 그것을 허락하지 않았다. 그때 내가 내세운 것은 나는 가위컷 전문이라는 점이었다. 9천9백 원짜리 광어미용을 원하면 그 곳으로 가기를 권하면서 손님을 걸러냈다. 대신 내 미용을 선택한 고객에게는 나름대로 미용에 대한 기술력과 디테일을 많이 살리려고 노력했다. 비싼 만큼 그 결과물을 내야했기 때문이었다. 받는 비용보다 더 많은 정성을 쏟았고 더 잘 해주려고 노력했다.

자신의 몸값은 스스로 만드는 것이다. 수만 원 대 가방이 많이 팔리지만 개당 수백만 원 수천만 원짜리 명품가방을 사는 사람도 있다. 빡빡이 애견미용은 안 한다는 내 자존심과 소신은 시간이 지나면서 통하기 시작했다. 비싼 가격을 상쇄하고도 남을 만큼 정성을 들였더니 오드리애견미용실에 다니면 명품미용실을 다니는 것이라고 소문이 나기 시작했다. 소문만큼 제대로 미용을 해주니 나를 찾는 사람들이 꾸준히 늘기 시작했다. 일부러 오드리를 찾아준 고객들은 미용 스트레스없이 예쁘게 해주는 것에 만족하면서 감사할 뿐, 비싼 비용에 대해서는 신경을 쓰지 않았다.

그러다보니 값싸게 미용을 해주었던 미용사들이 달라졌다. 비싼 만큼 더 잘 해주면 된다는 인식이 확산되면서 미용사들이 공부를 하기 시작했다. 뜻이 맞는 사람들끼리 스터디를 하거나 세미나에 참관해서 보는 눈을 높이면서 실력을 키우기 시작했다. 그때 세미나 붐이 일어 유명하고 잘나가는 사람들을 초대해 배우는 일들이 많아졌고 기술력이 상당히 향상되었다. 미용사들이 연습을 거듭하면서 자신감을 갖게 되고 자신감을 근거로 제대로 받고 제대로 미용해주는 미용사들이 늘어나게 되었다. 그 후 강남을 중심으로 미용비가 오르기 시작해서 지금은 지방의 미용비용도 서울에 비해 별 차이가 나지 않는다.

결국 초창기 시절 받았던 그때의 7~9만원의 미용비를 다시 가져오게 된 것이다. 그렇다고 애견미용 비용이 싸면 안 된다고 말하는 것은 아니다.

지금은 애견미용 비용이 양분화 되어있다. 동물병원에서 애견미용을 겸하는 경우 주로 아프거나 특별한 상황에 빡빡이 미용을 하면서 저렴한 비용을 받고 가위 컷으로 기술력을 인정받는 애견전문 미용실이나 펫살롱은 기술력에 맞는 비용을 받는다. 고객 입장에서는 선택의 폭이 넓어진 셈이다. 오히려 지금은 내가 책정

했던 미용비가 싼 시대고 되었다. 지금은 미용사들이 더 연구하고 기술력을 업그레이드 할뿐 아니라 스파, 아로마 마사지 등 다양한 옵션을 더해 선택의 폭을 넓혔다. 더 잘 케어하고 더 많은 시간을 들여 강아지를 편안하게 해주는 시대가 된 것이다. 이런 과정을 거쳐 현재 애견미용비용은 전국적으로 안정화가 되었다.

CHAPTER

3

도그쇼와 브리딩

브리딩에 대한 오해와 진실,
왜 명품인가?

나는 현재 애견미용을 하면서 브리더(breeder)로 활동하고 있다. 브리더는 가축이나 식물의 교배, 사육, 생산을 하는 직종 혹은 그 직종을 가진 사람을 부르는 호칭이지만 우리나라에서는 주로 개나 고양이의 혈통 관리와 분양을 하는 사람을 부르는 용어로 사용된다.

원래는 수의사에 준하는 생체구조와 의학 교육, 동물 윤리, 조련과 행동까지 마스터해야 할 수 있는 것이 브리더다. 그런데 우리나라에는 아쉽게도 브리더 관련 법규가 없고 국가 공인 자격증도 없다. 현재 우리나라의 자격증 가운데 브리더와 관련된 자격증은 반려동물관리사 자격증뿐인데 반려동물관리사 자격증도 브리더의 필수요건이 아니라 권고 사항일 뿐이다. 우리나라에서는 일반 생산업자들도 모두 브리더의 범주에 속한다. 필요한 시설기준을 갖춘 뒤 지자체에 신고만 하면 '생산업'을 할 수 있기 때문이다.

이런 말을 하는 이유는 우리나라에서는 전문 브리더와 번식업자 사이의 경계가 애매모호하기 때문이다. 개나 고양이의 개인 번식은 현행법상 불법이 아니어서 전문 지식 없이 돈을 벌기 위해 교배를 시키고 새끼를 분양하는 사람들을 브리더라고 부르기도 하는데 이것은 잘못된 것이다. 이 사람들은 그냥 번식업자라고 불러야 맞다. 그들의 행위는 브리더들의 노력을 짓밟는 행위이며 생명을 팔아 돈을 버는 '장사'에 지나지 않는다.

일반적으로 브리더한테 분양을 받으면 품종이 보증된 것이기 때문에 가정 분양에 비해 가격이 비싸다. 브리더들은 자견이 좋은 퀄리티를 갖추게 되면 분양하지 않고 자신들이 키우면서 브리딩을 하고 그렇게 태어난 새끼들 중 좋은 아이가 있으면 또다시 분양하지 않고 키우다가 브리딩 하기를 반복함으로써 좋은 혈통을 유지하는 것이다.

브리더는 종족번식을 위해서 종자견을 만드는 것이다. 종자견을 잘 만들어서 견종표준서에 맞추도록 노력하는 것이 브리더다. 견종에 맞는 순수혈통을 키워내기 위해 열성인자는 빼주고 우성인자를 살리는 것이다. 번식할 때 이런 유전적인 결함을 고려하지 않고 번식하는 것을 막번식이라고 한다. 막번식은 발전이 없다. 좋은 개가 나올 수가 없다. 고유의 특성을 살릴 수가 없다. 따라서 브리더는 좋은 개를 볼 수 있는 눈을 가져야하고 고치고 발전시킬 수 있는 눈을 가지고 있어야 한다. 한마디로 좋은 개, 종자견을 만드는 것이 브리더의 길이라고 할 수 있다.

각 견종마다 견종표준서가 있는데 그 기준에 맞는지 덜 맞는지에 따라 좋은 개인지 아닌지가 구분된다. 예를 들어 비숑은 머리가 넓어야 되고 털은 곱실거리면서 하얀 색이어야 한다. 또한 눈과 코의 이미지는 삼각형 구도를 가져야 하고 꼬리는 등에 놓여 있어야 하고 보행은 더블보행이어야 하고… 이런 조건들이 있다.

이 조건에 조금 더 가까이 가면 갈수록 좋은 강아지에 속하게 된다. 좋은 강아지를 얼마나 많이 배출해내느냐가 브리더의 일이다. 브리더는 한 견종에서 2~3개 견종 정도를 하는데 사실 한 견종을 만들어내기도 어렵다. 그래서 한 견종만을 연구하는 브리더가 대부분이다.

나는 브리더지만 분양을 목적으로 하지 않는다. 흔히 사람들은 가정 분양하는 강아지든, 농장 강아지나 센터 강아지든, 브리더가 브리딩하는 강아지든 결국은 분양하려고 새끼를 낳는 것 아니냐고 한다. '브리더는 뭐 달라? 결국은 다 개장사지'라고 통상적으로 이런 생각들을 하는 것이다. 길게 설명하고 싶지 않은 사람들이 물어보면 나는 '맞다'고 대답한다.

하지만 굳이 차이점을 말하자면 '싼 것을 파는 것과 좋고 비싼 것을 파는 것은 다르다'고 말한다. 왜 우리는 물건을 수납해서 들고 다니는 기능이 같은데도 어떤 가방에는 수만 원을, 명품가방에는 수백만 원 혹은 수천만 원을 지불하는가? 왜 명품이 비쌀까? 제대로 된 좋은 개와 그냥 평범한 개를 파는 것은 다르다. 격을 나누기 위해 브리더가 있는 것이다.

양쪽 다 누군가에게 분양을 하는 것은 같다. 까다롭게 분양 대상을 선정하는 나도 어차피 좋은 개를 만들어서 보급하려는 것이 목적이다. 그러나 내가 시중에서 언제든 살 수 있는 보통 강아지가 아니라 견종 특성에 맞는 퀄리티 좋은 강아지를 만들어낸다는 자부심이 있다. 한국의 비숑이 아시아에선 가장 좋은 퀄리티의 개니까 원한다면 한국에 와서 사라는 희소성을 주는 것이다.

속된 말로 브리더도 개장사고 농장개도 번식을 위한 개장사지만 나는 희소성으로 내 소중한 강아지의 가치를 상승시키고 싶은 것이다. 탄소로 만들어진 돌에 지나지 않음에도 다이아몬드가 최고의 몸값을 받은 것처럼 말이다.

먼저 도그쇼에
참석해 볼 것

애견미용사로 재미있게 일을 하면서 10년쯤 지났을 때부터 도그쇼 문화에 대해 알게 되었다. 기술력은 적었지만 우리나라에서도 2000년도 무렵에는 도그쇼가 상당히 성행했다. 우리나라 도그쇼도 가봤지만 그 당시만 해도 체인 줄을 메고 쇼를 뛰던 시절이었기에 그다지 큰 희열을 느끼지 못했다.

내가 도그쇼에 관심을 갖게 된 것은 일본에 다녀오고 나서부터였다. 애견 미용이나 도그쇼가 우리나라보다는 일본에서 더 발달했기에 애견미용이나 도그쇼를 하는 사람들은 도그문화를 견학

하기 위해 가까운 일본을 찾았다. 애견미용을 해도 브리딩까지는 연결되지 않거나 처음부터 끝까지 미용만 하는 분들도 많지만 나는 애견미용을 어떻게 하면 남들보다 잘할까, 어떻게 하면 나 스스로가 만족스럽게 할 수 있을까를 항상 생각하다 보니 우리보다 애견산업이 발달한 일본까지 가게 된 것이다. 애견산업 전반적으로 일본이 우리보다 앞서가고 있었기 때문에 애견 미용도, 미용기구도, 기술도 볼거리가 풍부했다.

2002년 무렵 친구와 함께 일본에 견학을 갔을 때였다. 도그쇼에서 내 시선을 사로잡은 살루키라는 견종이 등장했다. 살루키는 우아한 모습을 지니고 있다. 뾰족한 얼굴과 긴 다리, 매끄러운 근육질 몸매를 가지고 있으며 털은 짧고 매끈하고 부드러운 촉감을 가지고 있다. 거의 맨살에 가깝게 느껴질 정도지만 귀와 꼬리 다리 부분에는 긴 털이 우아하게 나 있어서 걷거나 뛰는 모습이 인상적이다. 살루키는 하얀색 바탕에 검정색 눈썹을 하고 있었다.
샤프하게 생긴 러시아 여성이 미니스커트를 입고 살루키와 쇼를 뛰는데 내 앞을 지나갈 때 뭐라 설명할 수 없는 전율이 흘렀다. 핸들러와 강아지가 링을 돌아서 가는 모습이 너무 멋있어서 보는 것만으로도 희열을 느껴졌다. 그전에도 핸들링 하는걸 봤지만 이 조합은 색깔과 외모와 보폭 등 그 모습 자체로도 반할만했다. 지금도 그 장면이 생생히 기억날 만큼 깊이 각인되었다.

그 이후 나도 도그쇼를 해봐야겠다는 생각이 들어 매년 일본의 쇼를 보러 갔다. 당시 애견미용을 하고 있었으니 강아지들의 쇼미용을 많이 보려고 눈이 반짝거려야 하는데 나는 도그쇼를 보느라 다른 것이 눈에 들어오지 않았다. 도그쇼의 매력에 푹 빠지면서 나도 도그쇼를 뛰어야겠다는 계획을 세우게 되었다.

도그쇼를 뛰려면 어떻게 해야 하는지 알아보니 우선 함께 뛸 개가 있어야 했다. 그 개의 매너교육이나 개를 리드하는 전문가인 핸들러도 중요하지만 강아지의 체형과 생김새도 잘 알아야하고 견종에 맞는 미용도 정확히 알고 있어야 한다. 도그쇼는 스탠다드 미용을 중요시하는데 변형하는 것보다 스탠다드를 정확히 하는 것이 더 어렵다. 도그쇼에서 두각을 나타내기 위해서는 개도 좋아야 하고 미용사도 좋아야 하며 핸들링도 좋아야 한다. 좋은 개와 능력있는 핸들러, 실력있는 미용사가 삼위일체가 되어야 한다.

도그쇼를 시작하면서 첫 번째 마주한 문제는 좋아하는 견종을 선택하는 것이었다. 미용사다보니 처음에는 화려한 푸들을 선택했다. 견종을 정했으니 다음 단계는 좋은 푸들을 구해야 했다. 어떤 견종이 좋다거나 인기가 좋다거나 돈벌이가 된다는 식의 말을 듣고 견종을 선택하는 사람들도 많은데 그렇게 하다보면 실제로 도그쇼를 하게 될 때 자신이 그 강아지를 싫어할 수도 있다.

견종을 푸들로 정하고 브리딩을 시작했으나 중간에 굉장히 많은 실패를 했다. 내가 몸으로 애견미용을 배웠던 것처럼 브리딩에 입문했을 당시에도 직접 몸으로 부딪치며 배워야 했다. 푸들로 여러 번 도그쇼에도 도전했는데 실패가 많았다. 상을 받지 못했던 것도 있지만 강아지가 사고가 생겨서 죽거나 다치는 경험이 많았다. 지금 돌이켜 생각하면 좋지 않은 강아지를 가지고 열정 넘치는 제자들과 같이 나가서 도그쇼를 뛰었고 이기는 것보다 지는 것을 먼저 배웠던 것 같다. 그러다보니 독이 바짝 올랐다.

그 시절의 도그쇼는 이렇게 해야 한다고 가르쳐주거나 가이드를 해주는 선생님도 없어서 어떻게 하면 되는 건지도 몰랐다. 그래서 핸들링이나 훈련을 받을 수 없었고 제대로 배울 수 없었다. 하나부터 열까지 지독하게 공부하면서 배워나갔다.

쇼를 뛰는 사람을 프로핸들러라고 하는데 브리더와 프로핸들러가 만나서 브리더는 번식을 하고 프로핸들러는 핸들링을 해서 쇼를 뛴다. 사실 나는 쇼 뛰는 것이 멋있어서 선택했기 때문에 도그쇼를 뛸 좋은 강아지를 얻으려면 브리더를 찾아가야 했다. 쇼를 뛰려면 강아지에 대해서 먼저 배워야 했다. 그 사람이 견종을 어떻게 케어 하는지 견종을 다루는 마인드를 먼저 배우고 그 강아지에 대해 공부를 해야 한다.

지금 생각하면 조금 더 일찍 배웠더라면 하는 마음이 간절하다. 부질없는 이야기지만 만일 과거로 돌아갈 수 있다면 일찍부터 애견미용과 도그쇼를 병행했을 것 같다. 도그쇼에 뛰어든 지 20년이 되었지만 30년이었으면 더 좋았을 거라는 욕심과 아쉬움이 있다.

꼴등도 하고 자꾸 지는 걸 반복하다보니 슬럼프가 찾아왔고 뜻대로 되지 않으니 이게 맞나 싶은 마음에 많이 힘들었다. 결국 그만두게 되었다. 이후 수년간은 다시 애견미용만 전념하고 도그쇼를 하지 않게 되었다. 하지만 언젠가 다시 도그 쇼링을 꼭 하겠다는 마음이 항상 자리하고 있었다. 그러면서 선택한 견종인 비숑을 마음에 계속 두고 있었다.

지난 경험으로, 도그쇼를 뛰려면 좋은 개를 만나는 것이 필요하다는 것을 절감하게 되었고 그러려면 브리딩이 먼저라는 생각이 들었다. 그래서 좋은 개를 먼저 만들어보자는 생각에 브리더들을 찾아가 배우기 시작했다. 자신이 만든 강아지를 가지고 직접 쇼를 뛰는 것을 오너핸들러라고 하는데 도그쇼에 오너핸들러쇼가 따로 있을 정도로 이 분야를 크게 인정해 준다. 물론 자신이 만든 개를 다른 전문 핸들러에게 위탁해서 쇼를 뛰는 방식도 있지만 나는 내가 도그쇼를 직접 뛰고 싶었기 때문에 좋은 개를 만드는 작업을 당연히 내가 직접 해야겠다고 생각한 것이다.

지금의 나는 조금 다르다. 직접 뛰는 쇼링보다는 강아지 브리딩에 더 많은 집중을 하게 되었다. 그래서 쇼를 뛰는 것은 전문적인 프로 핸들러에게 맡기고 있다. 내가 브리딩한 좋은 개를 프로 핸들러에게 맡겨야겠다는 생각으로 바뀐 것이다. 도그쇼에 대한 관심이 자연스럽게 브리딩으로 이어지게 된 것이라고 할 수 있다.

원하는 강아지를 얻기 위한 10년,
시작하면 끝을 볼 각오를 하다

나는 현재 비숑 프리제 전문 브리더로 활동하고 있다. 그전에는 푸들 등 소형견 위주로 브리딩을 하다가 비숑 프리제를 시작한 지 10여 년 정도 되었다. 그전부터 비숑에 대한 생각을 오래 가지고 있었기도 하지만 도그쇼를 많이 경험하면서 여러 견종을 다양하게 경험한 결과, 나로 하여금 비숑 프리제를 선택하게 했다.

많은 견종 중에 특별히 비숑을 선택한 이유는 비숑의 모색이 하얀색이라서 좋았고 털이 많아서 좋았고 풍성한 털로 다양한 모양을 낼 수 있는 견종이어서 좋았다. 중소형견이어서 사이즈도 마음에 들었다. 무엇보다도 지금은 고양이 같은 기질이 있는 비숑의 매력에 푹 빠지게 되었다.

비숑을 알면 알수록 더 마음에 들었다. 처음에는 색깔과 외모에 빠졌는데 키우면 키울수록 당당하게 생긴데다가 성격이 너무 좋았다. 일단 좋아하는 애정표현은 다 하면서도 사람을 귀찮게 하질 않는다. 독립적인 성향을 지녔고 날렵한데 약삭빠르지 않고, 영리한데 야비하지 않아서 얄밉지 않다. 몰래 숨어서 사고치지 않고 시끄럽지도 않으며 충성도가 높다. 한번 키우면 다른 강아지는 못 키울 거라는 생각까지 든다.

미용실을 반포에서 논현동으로 옮길 시점이었다. 새로운 계기를 만들고 싶어서 다시 브리딩을 해봐야겠다는 생각을 했다. 그동안 선택한 견종은 브리딩에 실패도 많이 했었지만 새롭게 시작해야겠다는 생각에 선택한 견종 비숑으로 도그쇼 브리딩하기로 결정했다.

그래서 지인을 통해 중국에서 활동하는 한국인 비숑 브리더를 소개받았고 그의 비숑 프리제가 퀄리티가 좋다는 말을 들은 나는 그가 있는 중국을 수차례 방문했다. 미국에서 수입해온 비숑으로 브리딩을 시작하는 견사였고, 나는 그 견사에서 비숑 한 쌍을 입양 받았다. 하지만 이 강아지는 좋은 퀄리티의 쇼독이 아니라 평범한 비숑이라는 것은 첫눈에 알 수 있었다. 지난 세월동안 도그쇼의 경험이 있었기에 알아볼 수 있었다. 내가 도그쇼 경험이 없는 일반적인 애견미용사인 줄 알고 평범한 아이를 준 것이었을까? 좋은 아이들은 돈이 있다고 해서 쉽게 구해지지 않는다. 정말로 데려오고 싶은 강아지를 얻으려면 그곳과 관계를 맺고 신뢰를 쌓아야 했다. 그래서 퀄리티가 좋은 강아지는 아니었지만 일단 그 아이로 시작을 했다. 신뢰를 쌓기 위해서였다.

그 아이가 바로 수컷인 제이슨이다. 제이슨과 국내외 도그쇼를 뛰기 시작했다. 얼마 후 미국에서 열리는 비숑 네셔널 도그쇼에서 쇼링을 하게 되었다. 수준 높은 퀄리티의 비숑을 많이 알아야했고 좋은 개를 많이 봐야했다. 진짜 비숑의 본거지에서 보고 싶었다. 1년에 한 번씩 열리는 비숑 프리제 내셔널쇼에 참석했는데 견종대회였기 때문에 미국 전역에 있는 좋은 비숑들을 모두 볼 수 있는 기회였다. 제이슨 클래스에 30~40마리 정도 출전했는데 그중에 동양인 참가자는 나 혼자 뿐이었다. 그것도 아마추어 오너 핸들러였다.

내 강아지를 데리고 직접 쇼를 뛰고 싶어서 제이슨이 썩 우수하지는 않았고 나도 프로가 아니었지만 출전했다. 좋은 성적은 거두지 못했지만 제이슨이 나를 많이 가르쳐준 시간이었다. 그리고 당시 한국에서는 암컷과 수컷이 따로 경쟁했었고 나와 제이슨은 퍼피조에서 1등(BIS)을 두 번이나 거머쥐었다.

제이슨으로 번식을 두 번 정도 했지만 좋은 퀄리티의 자견은 나오지 않았다. 그도 그럴만 했다. 명품견을 가지고 있는 브리더들 입장에서는 돈을 준다고 해서 아무에게나 새끼를 주지 않는다. 먼저 신뢰와 친분을 쌓는 게 중요하다. 나는 인내심을 갖고 꾸준히 그 집의 강아지를 한 마리씩 샀다. 그리고 마침내 내가 기다리고 원하는 비숑이 새끼를 낳았고 그 자견을 내가 입양할 수 있게 되었다. 내가 원하는 강아지를 얻기 위해 꾸준히 그 견사의 문을 두드렸었다.

그렇게 데려온 아이가 단테의 엄마 엘렌이다. 엘렌이 3개월일 때 나에게 왔고 성장해 번식할 때가 되었다. 국내에서는 엘렌과 브리딩할 종견을 찾지 못했다. 우수한 종견이어야 엘렌의 자견들이 퀄리티 높게 잘 나올 것이기에 해외에서 여러 번 종견을 수입했다. 좋은 강아지를 만들기 위해 투자를 많이 했다. 힘들게 수입해온 강아지와 번식한 뒤에는 그 강아지의 성장을 봐야했기에 다른 곳에 분양하지 않았고 함께 지내며 동고동락을 했다. 그렇게 수없이 반복했다.

브리딩을 업으로 하는 사람들은 좋은 강아지를 수입해 오면 소문을 냈다. 좋은 강아지를 수입하기 위해서는 큰돈이 들어가기 때문에 그 강아지로 수익을 올리려는 것이었다. 강아지를 수입해 오면 어느 나라에서 수입해 온 종견인데 잘나가는 누구의 자식이며 챔피언이 몇 개인 종견이라는 등의 소문을 냈다. 그러면 교배 문의가 들어온다. 몇백만 원씩 받고 교배해 주면 강아지를 수입해 온 본전을 뽑고도 남게 된다. 그런데 나는 그것을 하지 않았다. 내가 먼저 연구를 해야 했기 때문이다. 나는 지금도 돈을 보고 하면 안 된다는 지론을 갖고 있다.

수차례에 걸쳐 걸러지면서 나도 강아지도 같이 성장하게 되었다. 내가 브리딩한 아이들과 국내외 도그쇼에 나가보면서 성과를 확인하고 그것을 반복하다가 낳은 강아지 중 하나가 바로 단테다.

무엇을 하든지 시작하면 결과물이 나올 때까지, 내가 만족할 때까지 계속하고 될 때까지 파고들며 중간에 포기하지 않는 끈질김은 브리딩의 필수다. 또한 그것을 가능하게 만들어주는 것이 즐기면서 하는 일이다.

새끼를 한번 보기 위해서는 오랜 시간이 걸리는 일이라 기다림이 필요했다. 그때 단테와 같이 나온 아이들이 다섯 마리였다.

수컷 둘에 암컷이 셋이었다. 수컷 하나에 집중해야 했고 내가 다 키울 수가 없는 상황이라 수컷 중 하나만 선택했다. 나머지 하나는 과감하게 중성화를 하고 지인에게 입양을 보냈다. 한국에서 열리지만 외국심사위원들이 심사를 보는 인터네셔널 쇼가 매달 있는데 단테는 항상 우수한 성적을 많이 거두게 되었다.

단테와 함께 동배에서 낳은 암컷들까지 모두 지켜보기로 했다. 나는 단테 동배 아이들을 분양하지 않고 다 데리고 있었다. 쇼링은 한 마리만 시키지만 나머지 동배 아이들의 성장과정을 봐야 했기 때문이다. 누군가에게 보내면 돈이야 들어오겠지만 내가 발전하는 데는 도움이 안 되니 성장과정을 지켜보기로 했다.

보통은 한 배의 새끼들은 많은 곳으로 입양을 보내는데 대부분 사람들(브리더들)이 하고 있었다. 물론 값비싸게 분양할 수 있기 때문이다.

전 세계 비숑 프리제 가운데
가장 완벽한 상위 1% 강아지, 단테

10여 년 넘은 세월을 투자해서 직접 브리딩한 강아지 단테는 세계적으로 많은 팬을 가지고 있는 인기견이다. 단테가 도그쇼에서 비숑 프리제 가운데 가장 완벽하다는 것을 인정받은 상위 1% 강아지이기 때문이다. 도그쇼에서 우승을 수차례 차지한 한국 비숑 프리제 1위 챔피언이다.

엘렌이 낳은 다섯 마리 강아지 중에서 성격면에서 단테가 돋보였기 때문에 쇼에 입문시켰다. 남들은 연령이 3~6개월인 베이비때부터 쇼에 입문해서 몇 년 씩 쇼링을 하는데 나는 단테가 너무 어린 나이라 그렇게 하지 않았다. 단테는 6~9개월 퍼피 시즌까지는 엄마 옆에서 마음대로 성장시키고 6개월 이후부터 조금씩 훈련을 해봤다. 훈련이라고 해봤자 줄잡고 산책하듯 하는 정도였다.

그런데 타고난 쇼독은 남다른 면이 있었다. 강아지인데도 불구하고 스스로 알아서 하는 것이 많았다. 도그쇼에서는 9~15개월까지를 주니어로 분류하는데 이 시기가 사람으로 치면 청소년기라고 할 수 있다. 이 시기에 단테를 도그쇼에 입문을 시켰다. 충분한 훈련이 안되어 있었고 나 역시 핸들링이 초보였기에 단테와 나는 초보끼리 서로 배워가면서 쇼링을 했다. 물론 오랜 세월을 했어도 나는 지금도 내가 프로라고 생각하지 않으며 지위, 연령에 상관없이 배워야한다고 생각한다.

처음에는 당연히 어색하고 익숙하지 않아서 성적이 좋게 나오지 않았다. 그런데 12개월(생후1년)에 가까워지니 상력이 나오기 시작했다. 쇼장에 서니까 엄마가 잘해주고 자기만 바라보니 갖고 있던 쇼독의 기질을 마음껏 펼치기 시작했다. 단테는 우선 비숑 프리제의 견종 표준서에 어긋나지 않았다. 키, 체중, 골격, 견체 사이즈, 구성, 성격도 다 좋았다. 타고난 쇼독이었다. 우리가 저 사람은 미스코리아감이라고 하는 것처럼 단테에게서도 그런 쇼독의 모습이 많이 보였다.

단테는 초보로 시작해서 생후 12개월부터 상력이 나기 시작했는데 주니어 때 챔피언을 땄다. 챔피언을 따면 최고 클래스 그룹인 챔피언클래스에 나갈 수 있었다. 주니어 클래스에서 챔피언클래스까지 가려면 거쳐야할 관문이 있다. 인터미디어조, 오픈조, 챔피언조, 나이 먹은 쇼독들이 있는 배태랑조가 있다. 단테는 주니어 때 챔피언을 땄기 때문에 갓 1살을 넘은 아이가 성견들이나 몇 년씩 쇼를 뛴 아이들과 같이 어깨를 나란히 하게 된 것이다. 한번 뛸 때마다 놀랍게도 그 성장 속도가 빨랐고 앞으로 두세 계단씩 치고 올라갔다.

상력이 생기니 너무 재밌고 좋았다. 어린아이가 모든 클래스에서 1등을 하고 챔피언조에서까지 1등을 거머쥔 것이다. 연령별, 클래스별 등 6~7번의 토너먼트를 거쳐 그 견종에서 한 마리를 고르는 걸 BOB(Best Of Best)라고 한다. 이전 방식으로 수십 가지 견종끼리 BOB를 수상한다. 이렇게 BOB 수상견들끼리 그룹을 이룬다. 이것을 BIG(Best In Group)이라고 한다. FCI 룰은 총 10개의 그룹으로 나뉜다. 각 그룹에서 1등견은 본선에 출진할 수 있다. 즉 그룹 위너견만이 결승전에 나갈 수 있다. 이것을 BIS(Best In Show)전이라고 한다. 그런데 단테는 BIS전에서 1등을 수십 번 차지했다.

호명이 되었을 때 나는 너무 기뻐 매번 감사 인사도 하기 전에 심사위원에게 달려가 와락 끌어안곤 하였다.

단테가 15개월경 되었을 때 BIS를 차지한 대회에서 해외 심사위원들에게 강아지가 어린데 참 좋다고, 앞으로 장래가 유망하다고 매번 평가해 주었다. 전 세계를 다니며 항상 강아지 심사만 하는 분들이라 그분들의 말 한마디가 굉장히 힘이 되었다. 정말로 좋은 개라는 확신이 더욱 들었고 열심히 준비해서 BIS를 수차례 반복해서 수상하였다. 쇼를 한번 뛰려면 새벽부터 나가 쇼가 끝날 때까지 10시간 이상 보내는데도 하나도 힘들지 않았다. 잠도 두세 시간밖에 못자고 밥을 먹을 시간이 없는데도 재미있기만 했다.

연말에 한해를 결산하는 시상식 같은 어워드쇼가 열렸다. 한 해 동안의 누적 포인트를 계산해서 1위부터 20위, 1위부터 10위, 1위부터 5위까지 수상하는데, 단테는 비숑 프리제 랭킹 1위, 올 브리드(누적포인트) 2위를 했다. 어린 나이임에도 불구하고 이런 결과를 얻은 것이다. 이 상력을 2년 연속 수상하는 영광을 얻었다.

그 속내를 들여다보면 단테가 거둔 성과는 더욱 놀라운 것이었다. 누적 1등을 한 아이는 나이 많은 베테랑 쇼독으로, 프로급으로 활동한지 5년 정도 된 아이여서 1월부터 12월까지 쌓인 누적 포인트였다. 반면 단테는 15개월인 주니어 때부터 쇼독으로 활동을 했고 그 해 여름부터 누적된 포인트였다. 누적기간이 꽤 다른데도 1등과 2등의 포인트 차이가 얼마 되지 않았다. 그해에 단테가 그만큼 1등을 많이 차지한 것이다.

단체가 첫 출전을 한 것이 2017년이었고 다음 해에 이런 결과를 냈다. 2년 연속 놀라운 성적을 올린 것이다. 단테는 국내외 쇼를 합쳐서 최고상을 받은 것만 50~60개가 넘는다. 중간 상력까지 따진다면 셀 수가 없을 정도이고 2018년 한 해에만 80번 이상 수상을 했다. 하루에 4개씩 쇼를 나갔고 한번 나가면 10여 개씩 따왔다. 2017년도 가을에 데뷔해서 2018년도부터 1등을 차지해 2년간 정상에 올랐다. 이 기간 동안 단테가 도그쇼에서 딴 메달은 200여 개가 넘는다.

단테는 타고난 쇼독으로 도그쇼 업계에서는 아주 유명하다. 한국에서 브리딩한 개가 유명한 수입 개와 국내외 개들을 다 제치고 거둔 성적이라 큰 관심을 모으게 된 것이다. 지금은 코로나 때문에 도그쇼를 하지 못하고 있는데 여건이 좋았더라면 단테는 더욱 놀라운 성적을 거두고 있을 것이다.

미용과 학원은 애견미용사로서의 직업이고
브리더는 취미다

　수상을 하고 상력이 나면 강아지가 유명세를 탄다. 처음에는 부러워하고 좋아하다가 그 다음엔 헐뜯기도 한다. 물론 경쟁하는 사람들이 하는 말이니까 나는 별로 의식하지 않았다. 당연한 일들이니까. 남들을 의식하면 내 것을 못한다. 그런 말들이 들려도 따지지 않았다. 오히려 부러워하는 사람들에게 충분히 당신도 할 수 있다고 항상 이야기해 준다.

　돈을 보고 하면 돈 앞에 무너지게 된다. 자신이 하려고 하는 최종적인 목표가 무엇인지만 생각하고 달려가면 된다. 그렇지 않으면 길게 갈 수 없다. 그래서 나는 자꾸만 취미로 브리딩을 한다고 말하는 것이다. 취미는 즐겁고 지치지 않으니 말이다.

단테에 대해 교배를 원하는 문의가 많다. 물론 외국에서도 연락이 오고 국내에서도 같은 견종을 브리딩하는 사람들에게도 연락이 많이 온다. 하지만 나는 강아지 장사하는 사람이 아니고 또한 교배로 돈을 벌고자 하는 목적도 없다. 나는 그저 좋은 강아지를 만드는게 목표였기에 교배에 크게 관심을 두지 않았다. 비숑 중에 오드리의 강아지가 최고라는 말을 듣는 것이 나의 목표였다. 그러기 위해서는 우선 퀄리티가 좋은걸 가지고 있어야 하고 지속적으로 기술을 가지고 있는 것이 먼저라는 생각을 했던 것이다.

문의가 올 때마다 "현재 현역으로 뛰고 있고 퍼레이드 중이라 교배는 좀 어렵다. 나중에 단테가 좋은 강아지를 배출하면 그때 소개해 줄게요. 직접적으로 당신의 강아지와 번식하고 싶지는 않다"고 말했다. 그도 그럴 것이 단테의 번식 퀄리티를 먼저 알고 싶어서였다. 그랬더니 오드리 원장은 교배를 안 해준다는 소문이 났다. 그래도 나는 괜찮다.

그런 일들이 당시 좋은 강아지를 브리딩하는 사람들에겐 종종 있었다. 좋은 종견을 찾아다니며, 또는 데리고 있으면서 막번식을 하거나 새끼를 낳아 팔아서 수익창출하려는 것이 70% 이상이라고 보면 된다. 하지만 더러는 나와 같은 생각을 가진 사람들도 있다.

그래서 나는 그냥 매너있게 거절한다. 현역으로 쇼링을 뛰고 있고 아이를 피곤하게 하고 싶지는 않고 아직은 쇼를 뛰는 생각만 하고 싶다고. 그래서 아직 교배하고 싶지 않고 좋은 퀄리티의 새끼를 낳으면 주겠다고 정중히 거절한다. 하지만 나를 아는 사람들에겐 솔직한 마음을 이야기 한다. 이 아이가 번식을 했을때 자견들이 어떻게 성장하는지, 유전적인 결함은 없는지와 같은 면을 내가 지켜봐야 하는데 그걸 지켜볼 수 없고 퀄리티의 질 또한 판단하기가 어렵다. 번식이 잘되면 칭찬이 되지만 안 되면 흠이 된다. 돈때문에 막번식을 하게 되면 이 아이가 갖고 있던 명예가 돈 앞에서 한순간에 무너지는 것이다. 그래서 나는 차라리 그 돈을 포기하는 것이다.

한번 교배할 때마다 4~500만원을 받을 수 있다. 잘 나가는 애들은 수 억도 벌 수 있다. 단테는 충분히 그럴 아이였기에 문의가 많았다. 쏟아지는 문의를 다 거절하는 것이 쉽지 않았지만 나에겐 돈이 문제가 아니었다. 성장을 지켜보고 싶은 마음이 더 컸다. 단테의 자견은 무조건 지금 단테보다 더 나아져야하는 생각이 있는 것이다. 그냥 단테의 피 한방울이 섞였으니 단테자손이다라고 말하는 걸 원치 않았다. 단테보다 더 나은 자식이 나와야하고 그 자식보다 더 나은 자식이 나와야 되는 것이다. 그래야 계속 성장 발전하는 것이다.

그러나 소신을 지킨다는 것이 쉽지 않다. 여러 유혹도 있다. 종견의 우수한 종족번식을 위해 개를 뽑는 대회인데 그걸 내가 검증이나 확신없이 남에게 준다는 건 말이 안 된다. 한마디로 브랜드 마케팅이다. 좋게 만들기 전에는 판매하고 싶지 않았다. 브랜드 가치, 내 명예와 강아지 명예를 지키고자 하는 것이다. 외국에서 단테와 교배해 주면 자기네 나라에 심사위원으로도 초청해주고 세미나도 초청해주겠다고 제안한 적도 있었다. 또한 자신은 자기네 나라에서 최고이고 나는 한국에서 최고이니 자신과 내가 윈윈 해서 공동으로 브리딩을 하면 엄청나게 유명해질 거라며 조인해 보자는 제안들도 있었다.

그래서 나는 기준을 세웠다. 너만 좋아서가 아니라 나도 너의 것이 좋아야 된다는 거였다. 그래서 선택한 방법이 한 나라에 한 브리더 또는 한 견사만 연결하는 거였다. 전속계약처럼 그곳을 통해서만 브리딩 하는 것이다. 나는 조인 계약을 맺은 나라에 단테를 돈벌이의 수단으로 삼지 말라고 했다. 강아지를 꼭 검증하고 암컷이 단테와 번식을 했을 때 좋은 강아지가 나온다는 확신이 있을 때 나에게 이야기를 하고, 좋은 아이가 나올 확률이 있는 강아지와 선을 봐야한다는 것이 조건이었다.

그렇게 해서 단테의 후손들이 배출되었고 쇼를 뛰었다. 한 나라에서 한 군데를 선택하여 계약을 맺었다. 계약을 맺지 않은 나라에서는 나에게 다이렉트로 메신저가 오기도 했다. 나는 무슨 일을 하는 사람인지 정보를 알아야 했고 브리딩을 좋아하는 사람인지, 그의 마인드를 먼저 파악했다. 유명한 강아지를 데려다가 돈을 벌려는 사람은 아닌지 알아봤고 환경적인 부분도 많이 살폈다.

왜냐하면 비숑은 피부도 많이 약하고 털 관리에 비용도 많이 들고 털이 많아 사람 손이 안 닿으면 살 수 없다. 털 보존을 위해 먹는 것도 신경을 많이 써야해서 다른 견종에 비해 비용이 많이 든다. 이렇게 조금이라도 단테의 명예에 누가 되는 걸 미연에 차단하고 하지 않으려고 했다.

챔피언을 만드는
특별한 훈련법과 양육법

단테가 워낙 놀라운 성과를 거두었기 때문에 나는 챔피언을 만드는 특별한 손이라는 찬사를 많이 받았다. 특별한 훈련법이나 양육법이 있는지, 노하우가 무엇인지 질문도 많이 받았다. 하지만 특별한 노하우나 훈련법은 없다. 사실이다. 그런데 이렇게 답변을 하면 사람들이 믿지 않는다. 뭔가 비법이 있을 것이라고 생각하는 모양이다. '어떻게 했는가? 뭘 먹이느냐? 훈련은 어떻게 하느냐? 쇼를 뛰기 전날에는 어떤 식으로 관리하느냐?' 등등 많은 질문을 한다.

그런데 정말로 유난히 특별하게 하는 게 없는데 사람들이 믿지 않는다. 나는 일부러 숨기거나 안 가르쳐주는 사람이 아니다. 쇼에 나가기 위해 최상의 컨디션을 유지해주려고 노력하지만 그 것도 컨디션이 안 좋아 보이면 그냥 쉬고 자게 해주는 정도다.

평상시에 특별한 관리를 따로 하지는 않지만 먹는 것은 신경을 써준다. 프리미엄급 사료를 주고 시중에서 파는 간식 대신 만들어서 주는 편이었다. 예를 들어 껌 같은 것도 우족을 사서 핏물을 뺀 다음 건조기에 하루 정도 말려서 준다. 강아지 치아가 부너지면 소화력이 떨어지고 소화를 잘 시키지 못하면 만병의 근원이되니까 주로 만들어서 먹였다. 사서 먹이는 것은 이가 빨리 망가지는 것 같아서다. 사람들도 '밥 심으로 산다' '약식동원(藥食同源)' 같은 말들을 하지 않는가. 좋은 음식을 먹고 잘 소화시키는 것, 이것이 건강을 위한 가장 좋은 비결이다.

그리고 생활패턴을 규칙적으로 해주려고 노력했다. 밥 먹는 시간, 배변하는 시간, 노는 시간, 자는 시간 등은 가능한 한 스케줄대로 하도록 했다. 도그쇼를 위한 특별훈련은 따로 없는 것과 마찬가지다. 시간이 날 때마다 줄을 매고 훈련을 조금 했지만 별다른 것을 하지는 않았다. 단테에게 내가 해준 것보다 쇼장에서 스스로 배우고 익히기를 즐겼고 나는 그저 따라갔던 것뿐이라고 말한다. 억지로 만들려고 한 게 없었다.

나는 핸들링의 초보라 내 훈련으로는 최고를 만들어 내지는 못한다. 다시 생각해봐도 단테같은 아이였기에 가능했던 것이다. 오로지 자신이 가진 기질로 해냈던 성과였다. 나는 그저 줄만 잡고 가는 거였다. 내가 해준 것은 30% 정도뿐이다. 오만하게 들리겠지만 나는 여전히 아마추어 핸들러다. 이 배움은 끝이 없다. 많은 것을 스스로 잘 해내는 아이를 만났기 때문에 들여야 하는 그만큼의 수고를 나는 덜 수 있었다. 훌륭한 쇼독의 기질을 갖추고 있었던 것이다.

그런데도 사람들은 믿지 않는다. 내가 뭔가 큰 비법이라도 감추고 가르쳐주지 않는다고 생각하는 사람들도 있다. 하지만 내 성격은 변하지 않는다. 내가 무엇인가를 알면서 남들에겐 일부러 알려주지 않으려는 성격이 아니기 때문이다. 아껴봤자 하나 득 될 것이 없다. 나는 언제나 내가 아는 모든 것을 가르쳐주고 나 역시 끝없이 배워야한다는 생각을 가진 사람이라 내가 아는 범위에서는 모든 것을 오픈한다. 몰라서 알려주지 못하는 것은 있겠으나 아는데 숨기는 것은 없다.

경쟁사회이다 보니 내가 아는 것들을 나누는 것에 대해 손해라고 여길 수도 있을 것이다. 자신이 그만큼 수고하고 애쓰면서 배우고 익힌 것을 누구에게 아낌없이 알려준다는 것은 쉽지 않다고 말하지만 나는 오히려 전해주는 것을 좋아한다. 그래야 상승 발전한다고 생각한다.

나는 제자들을 동료라고 생각한다. 나에게서의 배움은 끝났으니 이제 스승을 능가하는 제자가 되어야하지 않겠냐고 말해준다. 나는 제자들이 빨리 성장해서 나를 좀 가르쳐주길 바란다. 후배들에게 배울 것이 무척이나 많기 때문이다. 진심이다. 창의력과 센스가 뛰어난 후배들이 많다.

내가 배운 세대는 처음 자신이 배운 대로 하려는 습관이 있다. 변화를 주려고 해도 그 틀에서 벗어나기가 어렵다. 그런데 지금은 워낙 네크워크가 발달해서 각 나라 각 지역의 스타일을 서로 소통하면서 접목한다. 결과가 당연히 더 좋고 예쁠 수밖에 없다. 게다가 애견 미용도구가 과거에 비해 무척 발달했다.

옛날은 숱가위와 일자가위로 모든 미용을 했고 새로운 디자인을 고안하기보다는 깨끗하고 단정하게 미용을 하는 정도였다. 다양한 디자인은 많지 않았다. 그런데 지금은 이름도 몽키컷, 식빵컷, 반달컷, 귀툭튀, 앞툭튀, 밑툭튀 등 별별 이름을 가진 기발한 스타일들이 다양하게 있다. 기술과 도구가 좋아지면서 미용사들의 실력도 향상되고 센스도 뛰어나고 도구도 잘 다룬다. 새로움에 관한 한, 나보다는 후배들이 더 앞서 있다. 나는 이런 후배들에게 배우려는 자세가 열려있다.

출전했던 대회 중
잊지 못할 에피소드

단테와 함께 많은 도그쇼에 참가했지만 지금도 비디오를 계속 돌려보는 대회가 있다. 2019년도 3월에 일본 동경에서 열린 JKC인터네셔널 도그쇼다. 매해 같은 달에 열리는 전례가 깊은 도그쇼로, 그 쇼에 단테가 출전했다. 그때 유럽의 토이그룹에서 유명한 심사위원이 왔는데 그에게 상을 받으면 1등이라는 말이 나올 정도로 유명한 분이었다. 그 심사위원을 보고 도그쇼에 나가는 사람도 많을 정도였다.

그 대회 비숑 프리제 챔피언조에 일본에서 2018년도 올브리드 전체 랭킹 1위를 한 비숑이 참가했다. 단테는 2018년도 한국에서 비숑 프리제 1등, 토이그룹 1등, 올브리드 2등이었고 일본의 비숑은 비숑 프리제 1등, 토이그룹 1등, 올브리드 1등이었다. 말하자면 일본의 최고와 한국의 최고가 같은 견종으로 같은 대회에서 제대로 만난 것이다.

수상에 욕심이 있었다면 당연히 그 강아지를 의식하는 것이 맞다. 그런데 나는 유명한 대회에 출전해서 나와 단테가 그 자리에 함께 서있는 것만으로도 너무 행복했다. 상을 타던 못타던 그것은 중요하지 않았고 오직 한국 강아지의 최고 퀄리티만 생각했다. 내 강아지에 대한 자부심이 컸기 때문에 이 대단한 쇼에서 늠름한 모습을 보여주고 싶었다. 그거면 됐다고 생각했다.

그 심사위원은 유명세만큼이나 심사를 무척 까다롭게 했다. 몇 시간씩 서서 심사를 보기 때문에 보통은 한두 번 보고 성적을 매기는데 그 심사위원은 80세가 넘은 나이임에도 오랜 시간을 들여 몇 번이나 꼼꼼하게 체크를 했다. 그야말로 도그쇼에 일생을 바친 노장의 꼿꼿한 자태를 보여주고 있었다.

기나긴 심사가 다 끝나고 수상자를 발표하는 마지막 순간, 그분이 최고의 강아지를 뽑을 때 단테를 가리켰다. 그때 같은 링에 일본의 1등견이 단테와 내 옆에 서 있었다. 일본 최고견의 핸들러도 몇 십 년 동안 해온 프로핸들러였는데 아마추어 핸들러인 나와 쇼를 뛴 지 1년 남짓한 단테가 1등 수상자로 뽑힌 것이다.

그때 난리가 났었다. 아시아권뿐 아니라 한국에서도 일본에 견학을 많이 갈 정도로 일본의 실력이 우세한데, 본고장에서 일본의 최고견을 제치고 한국강아지가 1등을 차지한 것 아닌가. 한국에서 오신 분들이 축하해주고 격려해주었다. 너무나 뿌듯하고 기뻤다. 그야말로 짜릿한 순간이었다. 각 나라에서 1등을 차지하는 외국 개들이 다 모인 큰 국제대회에서, 단테가 숫견 중 최고의 상을 받았고 2,500마리 중에서 1위를 차지하며 그 그룹 1등으로 결승에 진출했다.

그때부터 우리나라는 물론 각국의 브리더로부터 단테에 대한 문의가 쏟아지기 시작했다. 나는 '직거래는 없다'는 약속이 되어있었기 때문에 많은 연락을 모두 차단했다.

강아지의 도그쇼 수명이 보통 7살 때까지다. 최고 피크일 때가 3~5살까지인데 단테가 올해 5살이 되었다. 한창 도그쇼에 나가 정상을 달릴 나이에 코로나로 인해 쇼를 뛰지 못하고 있어 많이 아쉽다. 어서 빨리 각국의 우수견들이 참가할 도그쇼들이 열리고 단테와 함께 대회를 휩쓸 날을 기대하고 있다.

브리딩이
취미생활인 이유

우리나라에는 분양과 수익을 목적으로 하는 브리더들이 많다. 그래서 나는 내 주변의 동료 브리더들에게 생업은 따로 두고 브리딩은 취미로 하라고 말하곤 한다. 수익을 목적으로 브리딩을 하면 아무래도 좋은 강아지를 확보하고 있을 확률이 떨어지기 때문이다. 그러니 브리딩으로 돈을 벌려고 하지 말고 돈벌이는 따로 두고 견종 발전을 위해서 연구하는 브리더들이 많아지기를 소원하는 것이다. '이 견종만큼은 자신 있다'고 내놓을 수 있을 만큼 제대로 된 브리딩을 했으면 좋겠다.

세계적으로 보는 시선에서 한국 견종들 중에는 특히 어떤 견종이 좋더라 라는 인식이 있어야 한다고 본다. 지금 현재는 한국 비숑의 인식이 좋고 이전에는 말티즈가 좋았다. 세계적으로 인정 받는 반려견 중에서 대한민국이 인정받는 강아지의 수량이 많아 졌으면 좋겠다. 예를 들어 '소형견 중 토이그룹에서는 한국강아 지가 최고'라는 말을 들으려면 잘 번식해야하고 혈통 보존을 위해 계속 브리딩을 해야 한다.

우리가 외국에서 개를 사오는 이유는 그 나라가 유명하고 품 질이 우수하기 때문이다. 애견선진국에서는 그 품질이 우수한 강 아지를 보존하기 위해 계획번식을 한다고 본다. 다시 말하지만 한 국을 대표하는 견종의 토이그룹이 많아지기 위해서는 브리딩을 돈벌이 수단으로 생각하지 말아야 한다. 막번식을 하지 말고 강아 지의 장점과 단점을 보완해서 계획번식을 시켜야 한다고 본다. 유 럽에서는 계획적으로 번식시키는 개가 새끼를 낳을 수 있는 횟수 를 5번 정도로 정해두었다. 그것도 성견일 때부터 1년에 한 번씩, 이런 식으로 몇 번 밖에 낳지 못하도록 하고 있다. 남발하지 못하 게 하기 위함이다.

번식이 돈벌이 수단인 사람들은 출산을 남발하고 적게는 수 십 마리에서 수백 마리까지 키운다. 그러면서 자신들을 전문 견사 브리더라고 한다. 단언컨대 그런 사람들은 제대로 된 전문 견사 브리더라고 볼 수 없다.

　나는 번식만으로 돈을 벌지 않는다. 분양을 전혀 안 하는 것은 아니지만 돈 앞에 굴복하지 않고 돈 때문에 비굴해지고 싶지 않다. 돈 때문에 힘들어지면 명품 강아지에 대한 내 소신이 꺾일까 봐, 나는 돈벌이를 다른 곳에 두었다. 애견미용실과 학원을 운영하면서 돈을 벌고 브리딩은 나의 소신이기에 금전적으로 타협하지 않았다. '오드리 원장은 교배를 잘 안 해준다, 강아지 번식을 많이 안 한다, 거기서 사려면 엄청 비싸다, 상대 번식견의 선을 먼저 본다더라…' 나는 이런 소문이 들리는 것은 좋았다. 내가 힘들게 지켜온 소신이 인정받는 것 같아서 이런 평가가 싫지 않았다.

　브리딩에 관한 한, 내 생각은 이렇다. '그래, 나는 까다로우니까 그 조건을 갖춰서 와라. 오더라도 내가 마음에 흡족한 개를 선택해서 보내줄 때까지 기다려야 한다'는 자부심이 있다. 평생 할 일이라고 생각하기 때문이다. 강아지를 팔면 돈은 많이 벌겠지만 그보다 중요한 것은 내 소신을 지켜가는 일이다. 씨간장을 수십 년 보존하는 분들이 있는 것처럼 좋은 강아지를 만들고 지키기 위해서라면 얼마든지 까다롭게 굴 것이다. 소신과 고집은 고추장 담그고 김치 담그는 장인들만 가져야할 고집이 아니다.

어차피 개를 팔려고 하는 건데 왜 이렇게 고집스럽게 하느냐는 소리도 주변에서 많이 들었다. 사람들에게 그런 소리를 들으면서도 나는 꾸준히 나의 길을 간다. 그래서 내가 다음에 내놓는 강아지는 지금보다 더 우수해야 한다. 더 좋게 만들지 못할 거라면 하지 않는 게 낫다고 생각한다. 오드리에서 분양하는 강아지가 예전만 못하다, 번식하다 보니 망가졌다는 소리는 절대로 듣고 싶지 않다.

CHAPTER

4

애견미용사로 성공하려면
이렇게 해라

견종과 견체에 대해
이해하면서 배워라

애견미용을 보면 하나의 아트 같다는 생각이 들 때가 있다. 다양한 스타일과 디자인을 연구하려면 많은 아이디어가 필요하다. 참고할 만한 자료들은 찾아보면 얼마든지 있다. SNS나 유튜브만 찾아봐도 누군가가 애견미용을 해서 올린 것들이 많이 있다. 시대가 변하면서 미용스타일도 계속 변하고 있는데 10년 전, 1년 전에 했던 스타일을 오늘도 내일도 하고 있다면 경쟁력이 없다. 늘 똑같은 스타일을 선보인다면 언젠가 고객의 발걸음이 뜸해진다는 것을 느끼게 된다.

사람들의 의상이나 헤어스타일이 유행을 타는 것처럼 애견 미용 스타일도 유행을 탄다. 예전에 인기 있던 스타일이 다시 돌아오기도 하고 완전히 새로운 스타일이 등장하기도 한다. 모방은 창조의 어머니라는 유명한 말이 있지 않은가?

다른 사람들이 연구해놓은 것들을 보고 벤치마킹하는 것도 나쁘지 않다. 특이하고 예쁜 스타일을 보면 어떻게 그 미용을 했을까 연구해 보고 가능하다면 실제 현장에 접목해 보기도 하자.

지금은 혼자 아이디어를 개발하는 시대가 아니고 정보를 공유하면서 서로 배우는 시대다. 미용학원도 기본기에 덧붙여 현장 미용에 맞게 인기 있는 미용을 추가로 가르쳐주기 한다. 중요한 건 견체와 견종에 어울리는 스타일이어야 한다는 것, 전체적으로 밸런스가 맞아야 한다는 것과 라인은 깨끗하게 처리해야 한다는 것 등 기본적인 것은 잘 지켜가면서 시대의 흐름과 유행에 맞게 스타일 변화를 주어야 하는 것이다.

미용 스타일과 아이디어를 위해서는 견종과 견체에 대한 공부와 연구가 필수적이다. 강아지 그림을 많이 그리고 도형을 이해하려고 노력해야 한다. 특히 입체도형을 그려보면서 생각을 많이 하면 좋다. 선과 도형을 이용해서 입체적으로 어떻게 표현할건가를 생각하면서 내 생각대로 표현이 되고 있는지 확인해가면서 커트를 한다면 좋은 것이다.

도그쇼 미용은 정해져 있는 쇼 타입의 패턴이 있다. 하지만 그 정해진 패턴 속에서도 입체감을 잘 표현해야한다. 내가 어떻게 생각하고 표현하느냐에 따라서 강아지가 달라진다. 그래서 기본적으로 견체를 보고 생각해야 한다. 강아지마다 저마다 타고난 견체가 있어 조금씩 다르다. 사람마다 신체나 얼굴형이 다 다르듯 강아지도 그렇다.

예를 들어 두부에서 얼굴의 가장 기본이 되는 귀의 위치를 제일 먼저 파악하고 기준점으로 잡는 것과 같다. 그 기준점에 맞추어 생각하고 긴지 짧은지, 둥근지 네모인지를 판단해야 한다.

가르쳐주고
피드백을 받아야 윈윈한다

　슬럼프에 빠져있을 때의 일이다. 다시 시작해야겠다는 생각을 할 무렵, 나와 같이 시작했던 제자가 있다. 그 제자가 그때 20대 초반이었는데 지금은 결혼해서 아이 엄마가 되었다. 내가 잘 나갈 때 만났던 제자들보다 슬럼프를 겪고 일어날 때 함께했던 그가 떠오르는 것은 그 시절을 같이 추억할 수 있어서이다. 뿐만 아니라 어려울 때 함께 하면서 그녀는 나에게 엄청난 힘이 되었다. 둘밖에 없으니 서로 의지하며 이겨냈다. 견습생으로 온 아이였는데 학교를 졸업하고 애견미용을 배우러 온 거였다.

　고생도 많이 했다. 출근시간은 있었지만 퇴근시간은 따로 없었다. 부천에 살면서 미용실이 있는 논현동까지 그 먼 길을 출퇴근하면서도 성실하고 열심히 배우며 따라와 주었다. 나도 내가 아는 모든 것을 가르쳐주려고 노력했는데 힘들다는 말 한 마디 없이 재미있다고만 했다. 내가 이 일에 대해 가지고 있는 긍정적인 자세까지 배우면서 기술을 습득하더니 나중에는 취업하고 창업까지 했다.

누군가에게 알려주고 그 사람이 내가 알려준 것을 토대로 성장해가는 것을 보는 것은 다른 사람이 아니라 바로 나 자신에게 힘이 된다. 그 힘으로 나는 더 앞으로 나아갈 수 있다.

유명한 음식점에서 요리비법을 아무에게도 알려주지 않고 감출 때가 있다. 며느리나 딸에게도 죽을 때나 비법을 전수하는 일이 없지 않다. 하지만 나에게는 이런 자세가 좋아 보이지 않는다. 비법을 공개하고 함께 연습한다면 더 나은 결과가 나올 가능성이 높다고 믿는다.

남에게 알려주고 가르쳐주는 것을 너무 두려워하지 말자. 나홀로 미용사들도 많지만 본인들도 처음부터 나홀로가 아니었다. 어디서 누군가와 하다가 나홀로가 된 것이다. 기능공들은 내 기술을 배워가려고 하면 그것에 맞는 시간이 필요하다는 마음을 보통 갖는다. 물론 기술과 시간은 항상 비례한다. 내가 힘들게 고생하며 배운 것을 남이 쉽게 가져가려고 한다고 느낄 수도 있을 것이다.

내가 아는 나만의 비법을 전수하는 것을 밥그릇을 빼앗기는 것처럼 생각하는 사람들이 있다. 그러나 가르쳐주는 것을 아까워하면 본인이 배울게 없다. 내가 알고 있는 것을 전해주고 그 사람의 피드백을 받았을 때 내가 발전이 있다.

대부분의 미용사들은 대인배가 많다. 기꺼이 가르쳐주고자 한다. 주면 받기 쉽다. 그래야 공유할 수 있고 같이 발전할 수 있다. 제자도 얼마든지 스승이 될 수 있다는 것을 생각했으면 한다. '이거 어떻게 한거야?' 하고 제자들에게 묻고 배워라. 내가 가르쳐준 제자들에게 오히려 내가 배울 때 기분이 좋다. 이렇게 배움에 있어서 개방되어 있으면 좋겠다. 그리고 아낌없이 주는 나무가 되라.

내가 가르친 제자가 나보다 더 나은 기술을 선보이기도 하고 스스로 새로운 기술을 선보이기도 한다. 청출어람이라는 말이 괜히 있겠는가? 불치하문(不恥下問)이라는 말이 있다. 나보다 나은 것을 가진 사람이 있다면 나보다 낮은 위치에 있는 사람이라 할지라도 물어보는 것을 부끄럽게 여기지 말라는 말이다. 맞다. 물어보는 것은 부끄러운 일이 아니다.

그래서 나는 나보다 나은 기술을 선보이는 제자가 있으면 기꺼이 어떻게 했는지 물어본다. 내가 선생이지만 요즘 트랜드에 대해서 나도 제자에게 배울 것은 배우는 것이다. 제자의 방식을 존중해주고 인정해주는 것이 중요하다. 그래야 시대에 뒤떨어지지 않는 지도자가 되고 미용사가 되는 것이다.

안주하고 있으면
뒤떨어질 수밖에 없다

미용을 했는데 손님이 마음에 안 들어 할 수 있다. 해결하는 방법은 계속 노력하는 것밖에 없다. 노력한다는 것은 미용사로서 갖추어야할 자세다. 사회는 계속 변화하고 사람들의 기술은 계속 앞으로 나아간다. 어쩔 수 없이 남들과의 경쟁 속에서 살아가면서 안주하고 있으면 뒤떨어질 수밖에 없게 된다.

기술은 갈고 닦지 않으면 제자리에 있는 것이 아니라 뒤처지게 된다. 흐르는 강물에서 배를 타고 거슬러 올라가는 것과 비슷하다. 내가 노를 열심히 저어 올라가지 않는다면, 내가 탄 배는 제자리에 머무는 것이 아니라 자꾸 뒤로 떠내려가게 된다.

내 분야에서 부족하다고 느낄 때 자신의 실력에 자신이 없어질 때일수록 노력하고 끊임없이 배워야 한다. 시대가 원하는 방향으로 가지 않으면 감이 떨어지거나 뒤처지게 된다. 그러면 미용사로서의 발전을 기대할 수 없다.

대중들이 변하고 있다고 생각하면 대중들의 생각을 빨리 읽고 잘하는 미용사를 찾아 모방해 보는 것도 나쁘지 않다. 자존심 상하는 일이 아니라 이것이 바로 벤치마킹이다. 잘 나가는 사람이 있다면 그 사람의 주위환경을 한번 살펴보자. 분명히 뭔가가 있을 것이다. 남들보다 더 나은 생각과 더 나은 행동으로 고객관리를 한다든가 참신한 스타일을 선보인다든가 하는 것을 빨리 벤치마킹 해라. 안주하고 있으면 뒤떨어질 수밖에 없다. 유명한 미용사도 자기계발을 위해 노력하고 끊임없이 배운다. 나 역시 외국의 미용이라든가 현장에서 후배들이 어떻게 미용을 하는가를 계속 지켜보면서 그 흐름을 알고 트랜드를 따라가려고 노력하는 편이다.

예전에는 미용실이 많지 않았기 때문에 오는 고객 모두를 손님으로 받는 애견미용사들이 많았다. 좋은 미용기술로 가위 컷으로 강아지 견체에 맞게 미용을 해야 하고 아름다움을 표현한다.

그러려면 시간이 많이 걸리기도 한다.

그래서 내가 생각한 것은 세미나를 통해 조금 더 체계적으로 짧은 시간 안에 견체에 맞는 미용기술을 알려주어야겠다는 것이었다. 직접 내가 해보면서 표현하고 싶은 것을 간단하고 신속하고 예쁘게 할 수 있는 방법에 대해 생각을 많이 했다. 퀄리티가 있으면서 수익도 따라야하지 않겠는가!

그래서 나는 보통 미용시간인 2시간 안에 복잡한 미용을 끝낼 수 있는 방법에 대해서 많이 연구했고 그것을 세미나를 통해 전달했다. 얼굴을 자를 때 동그랗게 자르는 것이 미용사들의 최종목표인데 그 동그랗게 하는 것이 잘 안 된다. 그런데 학창시절 배운 도형을 이용해서 설명해주니까 사람들이 쉽게 이해했다. 얼굴 동그라미를 어떻게 하면 간단하고 쉽게 할 수 있는지 설명하면서 2시간 안에 시간 분배를 요소요소에 알맞게 어떻게 분배해서 표현해야 하는지를 알려주었다. 그러기 위해서는 설명한 것을 내가 보여줘야 하고 보여주기 위해서는 그만큼 연습을 해야했다.

설명을 듣는 사람은 본인의 기술과 전달받은 기술을 접목해서 자신만의 기술을 만들어간다. 강아지가 인형이 아니기 때문에 시간분배를 잘 해서 시간 안에 끝내야 하는데 강아지의 성격과 습관, 사이즈나 형태가 다 다르기 때문에 쉽지 않다.

그러나 강아지에게 맞추는 기술을 습득한다면 충분히 두 시간 안에 끝낼 수 있다. 그 기술을 배우고 체득하고 연구하는 것이 미용사로서의 자세라는 이야기를 제자들에게는 꾸준히 하고 있다.

스스로
만족하는 작품을 하라

어느 정도 위치에 올라서면 자신이 최고라고 생각하기 쉽다. 미용사의 입장에서는 유명해지려고 애쓰지 말고 남의 평가 받으려고 애쓰지 말고 진짜 기술자로서의 실력을 생각하라. 내가 만족한다면 남들 또한 만족할 것이다. 남의 평가에 움직이는 쉬운 기술만을 고집하지 않길 바란다. 콘테스트에 출전하고 이런 저런 대회에서 인정받으면 잘한다고 생각하지만 뽑는 심사위원의 기준이나 채점기준에 따라 다를 수 있는 것이다.

무엇보다 스스로가 자신을 인정해야 한다. 인기를 얻고자,

주목받고자 노력하는 기술을 하지 말고 내가 내놓는 작품에 스스로가 만족하는 작품을 하라. 그러면 시간이 지나도 그 사람은 미용을 잘 한다는 말을 들을 수 있을 것이다. 또한 제자는 내가 제자 삼고 싶어서 생기는 것이 아니라 내가 만족하는 미용을 하다보면 누군가에 의해 역으로 스승이 되는 것이다. 말하자면 제자들이 인정해서 스승을 찾게 되는 것이다. 내가 만족하는 미용을 한다면 제자들에게 컨택을 받게 된다. 스승이 제자를 선택하는 것이 아니라 스승이 제자에게 선택당하는 것이다.

아낌없이 가르쳐주면 자연스럽게 스승이 되어있다. 나는 이런 미용사들이 많이 나왔으면 좋겠다. '나는 제자가 몇 명이다'라는 것보다는 '나는 스승이 몇 명이다'라고 자랑하는 것이 더 좋은 것 같다. 주변에 보면 종종 자신은 스승이 없고, 혼자 독학했다는 말을 하는 사람이 많다. 제대로 가르쳐주는 스승이 없어 유튜브를 보면서 했다고 한다.

지금 와서 보니 혼자 힘들게 온 것 같지만 나는 그 기초를 알게 해준 사람이 분명 있다고 생각한다. 단 10분을 가르쳐주었던, 한 시간을 가르쳐주었던 돈을 내고 배웠든, 어쨌든 뭔가를 알려준 사람이 10명이면 10명이 그의 스승이다. 1년 동안 배워야 스승이 아니다. 10분을 배워도 스승이다.

원장님들과 스승님들에게 말하고 싶은 것은 내 제자가 몇 명이라고 자랑하지 마라. 그리고 다른 스승에게 가는 것을 배 아파하며 배신감을 느끼는데 원래 자신에게 있다가 다른 곳으로 스승을 옮길 수도 있는 것이다. 그들을 배신자라고 생각하지 말길 바란다. 내 생각은 초등학교 선생님 다르고 중고등학교 때 선생님이 다르며 대학시절 스승이 다른 법인데 애견미용은 왜 초등학교 때 스승이 대학 때까지 스승이어야한다고 생각하는가.

나에게 배웠다가 다른 곳에서 또 배우면 왜 배신자인가? 성장하기 위해서 다른 학원에 가서 배우면 그 선생님의 제자이기도 한 것이다. 한 명의 제자가 스승을 몇이나 둘 수 있는 것이다.

스승들이 제자만 카운트하고 있지 않기를 바란다. 나는 오히려 제자들이 나는 선생님이 몇 명이다고 자랑하는 것이 더 좋은 일이라고 본다. 제자들이 다른 곳에 가서 배우는 걸 마치 자신이 부족해서 자신에게 배울 것이 없어서 다른 곳에 갔다고 생각한다. 그것이 절대 아니다. 아끼지 말고 다 주어라. 누군가를 가르칠 수 있는 기회를 나에게 준 것이니까. 그래야 나중에 동료가 되고 심지어 제자에게 거꾸로 배우게 된다. 그걸 좋아해야한다. 우위에 있는 존재가 아니다. 제자가 더 잘나야 스승이 빛나는 것이다.

친구가 내 얼굴이라는 말이 있는데 제자도 내 얼굴이다. 내 제자가 하는 행동은 내가 한 행동이다. 애견미용사의 일도 마찬가지다. 지금 곁에 있는 그 사람이 그렇게 행동하는 것은 내가 그렇게 보여주었기 때문에 하는 것이라고 생각하는 것이 제일 합리적이고 억울하지 않다. 반면 내가 지금 받은 호의는 내가 누군가에게 알게 모르게 베풀었던 선의다. 내가 받은 불이익은 내가 그렇게 했기 때문이다. 내가 힘든 건 내가 만든 스트레스 때문이다. 다른 사람 탓할 것이 없다. 이것을 늘 인식하는 것이 이 길을 계속 걸어갈 수 있는 방법인 것 같다. 노랫말 가사처럼 지나간 것은 지나간 대로 다 의미가 있다.

내가 걸어온 이 길 역시 힘들었고 아쉬움이 있었다 할지라도 모든 것에는 의미가 있다. 나 스스로를 대견하다 격려해주며 언제까지가 될지 모르지만 남은 이 길을 또 걸어가 보는 것이다.

당신은 스스로에게
몇 점을 줄 것인가?

우리는 누구나 몇 가지 역할을 하면서 살아간다. 가족 내에서 맡은 역할이 있고 직장 혹은 학교에서, 각종 커뮤니티에서 역할이 있다. 내가 어디에서 무슨 업무나 일을 하고 있건 가끔은 나 스스로를 평가해 볼 필요가 있다. 나는 내가 맡은 일을 잘 하고 있는지, 내가 받는 급여만큼 내가 속한 조직에 기여를 하고 있는지, 나 스스로를 위해서 노력하고 있는지, 어제보다 오늘 더 나아진 것이 있는지, 주변 사람들은 나로 인해 어떤 감정을 갖게 되는지를 가끔 돌아볼 필요가 있다. 잘못 가고 있다면 바로잡아야 하고 어떤 식으로든 내가 기여한 바가 있다면 스스로를 칭찬해 보자.

적어도 가족 혹은 직업적인 면에서 자신의 점수를 매긴다면 당신은 스스로에게 몇 점을 줄 수 있는가? 나는 30년 이상 애견미용사로서의 길을 걸어왔다. 한번쯤 내 자신이 걸어온 길을 뒤돌아볼 때가 된 듯도 하여 스스로 점수를 매겨본다면 애견미용사로서의 나 자신에게 100점은 못 되더라도 95점 정도의 점수는 매길 수 있을 것 같다.

우선 나는 애견미용사라는 길을 걸어오면서 매순간 도전적이었던 것 같다. 내가 하는 미용에 대해서 나 스스로가 만족스러웠다. 항상 더 배우고 연구하고 공부했기 때문이다. 조선시대의 옷과 지금 시대의 헤어스타일이 다르고 1980년대와 지금의 스타일이 다른 것처럼, 애견미용에도 유행이 있다. 나는 항상 최신유행을 눈여겨 보고 최선을 다해서 했고 내가 알고 있는 스타일을 강아지에게 어울리게 맞춰서 해주려고 노력했다. 그래서 미용을 해놓고 강아지를 보면 대부분 내 마음에 들었다.

물론 내가 한 미용법이 견주 마음에 안 들 때도 있다. 하지만 내가 최선을 다했고 내 마음에 든다면 견주를 설득시켰다. 고객은 자기가 원하는 스타일을 사진을 들고 와서 이대로 해달라고 하는 경우가 많다. 자기네 강아지 모양이나 생김새나 털의 탄력 같은 것은 전혀 모르고 말이다. 예를 들어 예쁜 푸들 사진을 들고 와서 그대로 해달라고 한다. 그럴 때, 고객은 사진대로 나올 것으로 기대한다. 하지만 똑같이 되지 않는 경우가 대부분이다. 강아지마다 생김새가 다르고 모발의 상태가 다르기 때문이다. 그 사진대로 나올 수 있고 어울리면 문제가 없지만 고객과 나의 방향이 다를 경우 나는 원하는 대로 해주겠다고 하지 않았다. 손님을 설득시켰다.

사람에게도 각자의 얼굴모양과 몸매, 머릿결에 어울리는 헤어스타일과 의상스타일이 따로 있는 것처럼 강아지들도 그 강아지에게 어울리는 미용스타일이 있다. 우리는 전문가이기 때문에 강아지 생김새를 보게 되고 눈·코·입의 위치, 털 상태, 사이즈, 밸런스 등을 다 본다. 그리고 그 강아지의 견종과 견체를 고려해서 미용을 해준다.

자신이 원했던 사진과 다른 강아지의 모습을 보면 고객은 실망하지만 이 아이는 이 아이에 맞는 스타일이 있고 이 스타일이 더 어울린다고 생각했기에 이렇게 미용했다고 설명한다. 그러면 보호자도 전문가의 의견에 수긍한다. 고객이 아니라 내가 전문가이기 때문에 고객마음보다는 내 마음에 들게 미용을 해서 보냈다. 그러면 그다음부터는 알아서 해달라고 한다.

고객이 원하는 대로가 아니라 내가 옳다고 생각하는 대로 미용했다고 말하기 위해서는 스스로에게 자신감이 필요하다. 많은 연습도 필요하며 많은 자료를 봐야한다. 틀에 박힌 것들만 보고 들으면 새로운 디자인을 떠올릴 수 없기 때문이다. 그래서 미용사는 각종 애견 잡지나 도그쇼 등을 참고하는 것은 물론, 강아지에 국한된 것이 아니라 고양이나 다른 동물들의 미용도 보면서 강아지에게 적용할 만한 것을 찾아내려고 노력해야 한다. 사람들이 입고 있는 옷을 보면서도 이런 것을 변형해주면 좋겠다는 생각을 하고 펫 디자인에 관한 영감을 떠올릴 수도 있다. 고객을 설득할 수 있으려면 틀에 박힌 미용이 아니라 참신하고 잘 어울리는 미용스타일을 개발해야 한다.

나는 지금도 제자들에게 '손님 마음에 들려고 하지 말고 기술자 마음에 들어야 한다'고 말한다. 물론 고객의 마음에도 들어야한다. 따라서 먼저 고객이 원하는 미용을 물어보되, 그 강아지가 손님이 원하는 미용이 나오는지 아닌지는 미용사가 판단해야 한다. 고객의 요청대로 무리 없이 스타일이 나온다면 원하는 대로 해주면 된다. 하지만 고객이 요청한 스타일이 나오지 않을 거라고 생각하면 내가 전문가이고 기술자니까 고집스럽게 내 스타일을 밀고 나가야 한다.

자신감을 가지고 밀고 나갔지만 손님과 의견이 상충된다면 전문가가 자신감을 갖고 주도권을 갖고 진행해야 서로 신뢰가 쌓이고 손님도 만족하게 된다. 할 수만 있다면 강아지에게 가장 잘 어울리는 걸로 해주는 것이 우리의 일이라는 것을 설득해야한다. 결과적으로 미용사의 마음에 들면 손님도 마음에 들게 되어있다. 아는 만큼 보인다. 전문가인 미용사의 마음에 들어야 고객도 만족한다. 도자기 기술자들이 일반인들 눈에는 멀쩡해 보이는 그릇들을 과감히 깨버리듯, 강아지 미용도 예술이고 기술이기에 그 판단은 미용사가 해야 하는 것이다.

되돌릴 수 없는 것은 그냥 지나간 대로 놔두면 된다. 중요한 것은 다음이다. 한번 후회했던 선택을 다시 반복하지 않아야 발전이 있다. 남 탓이든 내 탓이든, 이미 결과가 나온 것을 두고 과거를 탓하는 것은 아무런 도움이 되지 않는다. 후회하고 탓해도 어쩔 수 없는 것을 과감하게 털어버리자. 내가 나 자신에 대한 점수를 95점 매겼으면, 5점만큼 잘못했다고 생각하는 것이다. 하지만 깎인 점수 5점에 집착하지 말고 다음에 스스로를 평가할 때 96점, 97점이 되도록 앞으로 잘하면 된다.

나이가 들면서 젊은 날의 용기가 조금씩 사라진다. 그때는 하고 싶은 일은 무대포로 거침없이 했건만 세월이 흐르니 점점 생각이 많아진다. 그만큼 신중해진 것이고 그만큼 경험이 쌓여가기 때문이다. 지금 이런 성격도 나쁘지 않다고 생각하지만 이 글을 읽는 독자들에게는 지나친 생각보다는 실천을 권하고 싶다. 뭔가 실수하고 스스로에게 60점을 줄 수도 있지만, 스스로에게 60점을 줬던 사람은 다음에는 70점, 80점, 90점을 줄 수 있다.

'이건 이니다'라고 생각하고 깎았던 40점을 되새겨봤다는 것 자체가 다음에는 더 나아질 수 있다는 것의 반증이기 때문이다.

미용 잘한다, 예쁘다?
그동안 강아지는 지치고 힘들다!

    애견미용을 처음 시작할 때는 멋있게, 많이, 잘하고 싶은 마음만 있다. 그런 마음이 크다보니 강아지를 상대로 미용을 하면서도 자신의 입장이 우선이다. 낯선 사람에게 자신의 몸을 맡기고 있는 강아지가 얼마나 힘들 것인지에 대한 생각을 미처 하지 못하는 것이다. 시간이 오래 걸려도 완벽하게 하려고 하고 내가 하는 일을 예술, 작품이라고 생각한다.

    지금 나는 후배들에게 '강아지 힘드니 예술 하려고 하지 말라'고 당부 한다. 강아지는 살아있는 생명이다. 대화가 통하는 상대도 아니다. 움직이고 싶을 것이고 올라선 테이블이 두렵기만 할

것이다. 그런 상태의 강아지를 테이블 위에 올려놓고 내 마음에
들 때까지 털 하나 삐져나오지 않게 커트를 하는 것은 바람직하지
않다. 강아지 미용은 한 시간에도 끝날 수 있고 열 시간도 걸릴 수
있다. 한 시간을 참아내는 것도 힘들 텐데 많은 미용사들이 시간
조절은 하지 않고 그지 마음에 들 때까지 가위질을 한다.

　　지금은 보통 미용을 2시간 안에 끝낸다. 이렇게 시간을 정해
놓고 하기 시작한 것도 얼마 되지 않았다. 나 역시 남들보다 조금
더 잘하고 싶었고 이 숍에 가면 뭔가 남다르다는 것을 찾기 위해
부단히 노력했다. 미용에 흠이 있으면 안 된다고 생각했다. 우선
내가 만족하고 내 마음에 들면 손님을 설득시킬 수 있다고 생각했
다. 디자이너인 나에게 맡겼으니 손님이 원하는 대로가 아닌 내
마음에 들게끔 하는 것이 먼저였다.

　　그러다보니 강아지가 피곤하다는 것을 처음에는 헤아려주지
못했다. 미용 잘한다, 예쁘다는 소리는 많이 들었지만 정작 강아
지가 힘들어하고 지치고 아파하는 걸 많이 생각하지 못했다는 것
이 미안하다.

　　내가 그것을 깨닫게 된 이후부터는 나와 제자들 모두 조금
완벽하지 않더라도 강아지를 쉬게 해주려고 하고 하루에 다 못하
면 다른 날 하면 된다는 마음을 갖고 일하고 있다.

컨디션을 관리하라,
미용사의 감정은 강아지에게 그대로 전달된다

애견 미용이 사람 미용보다 힘든 이유 중 하나는 상대와 대화를 할 수 없다는 것이다. 비교적 얌전한 강아지들도 미용실 경험을 통해 미용을 마칠 때까지 참을 뿐, 편안하고 기분 좋게 미용하는 강아지는 없다. 미용하기 위해 올라선 높은 탁자는 물론, 가위나 클리퍼 등 미용기기들 모두가 강아지에게는 공포와 두려움의 대상이다. 이렇게 불안한 상태에 있는 강아지를 최대한 편안한 상태로 만들어주는 것도 훌륭한 미용사가 해야 할 일이다.

미용사의 감정은 말투와 손끝을 통해 강아지에게 전달된다.

미용사가 스트레스를 받거나 화가 나있으면 의도하지 않아도 손 끝이 굉장히 매서워진다. 컨디션이 안 좋거나 몸이 힘들어서 짜증이 나면 강아지를 험하게 다룰 수도 있다. 몸이 아프면 아무래도 손길이 조금 거칠어지기 마련이다. 자신도 모르게 말투까지 날이 서거나 사나워지고 예민한 동물인 강아지는 그 감정을 고스란히 느낀다.

좋지 않은 경험을 하고 스트레스를 받으면 강아지는 예민한 동물이기 때문에 집에 가서 표시를 낸다. 가만히 웅크리고 있거나 설사를 하기도 하고 아파하거나 구석에 들어가서 나오지 않기도 한다. 기억력도 좋아서 다음부터는 미용하러 가는 낌새만 보여도 겁을 내면서 미용실에 오지 않으려고 한다. 강아지가 미용실을 싫어하면 미용이 예쁘게 나올 수가 없다. 미용실에 다녀온 강아지가 집에서 행동이 달라지면 보호자는 당연히 '왜 그럴까' 걱정하고, 미용실에서 무슨 일이 있었을 거라고 의심을 한다. 그러면 자연스럽게 고객도 떨어진다. 악순환이 될 수밖에 없다.

해결책은 간단하다. 1차적으로 강아지를 편안하고 힘들지 않게 해주면 되고 그러려면 미용사의 컨디션이 좋아야한다. 하루 종일 미용실에서 바쁘게 강아지 미용만 시키는 미용사가 강아지 미용을 할 때마다 기분이 좋으려면? 방법은 하나다. 바로 미용하는 일 자체를 즐겨야 하고 정신적 육체적 컨디션이 좋아야 한다. 그래야 일이 재미있어지고 그래야 강아지와 교감하면서 손질이 부드러워지고 강아지도 긴 시간을 편안한 마음으로 견뎌낼 수 있다.

그래서 나는 일을 시작하기 전에 미용사들의 컨디션이 괜찮은지 아닌지부터 체크한다. 기분과 몸 상태가 웃으면서 일을 할 수 있는지 없는지를 묻고 힘들면 알려달라고 한다. '조금이라도 컨디션이 좋지 않으면 미용을 하지 않는 것이 나를 도와주는 것이다. 몸 상태가 좋지 않으면 쉬거나 한 마리만 잘 해도 된다. 대신 괜찮다고 대답했다면 결과물도 제대로 나와야한다'고 말이다.

실수를 미연에 방지하는 방법 중 하나가 미용사 스스로 자신이 할 수 있는 할당량만 하는 것이다. 그날의 컨디션이 좋지 않을 수도 있는데 무리해서 한다면 실수가 생긴다. 한 마리를 만지더라도 신경 써서 해야 무리가 없기 때문에 이렇게 사전점검을 하는 것이다. 나와 함께 일하는 미용사들에게는 자신의 상태에 대해 솔직하도록 했다. 그래야 강아지가 미용하는 동안 고통을 덜 받고 미용사도 자신의 결과물에 만족하게 된다.

미용사들의 컨디션을 체크함으로써 미용실에 온 강아지가

편안하게 미용을 받도록 하는 것이 고객층을 확보하는 방법이기도 하다. 강아지 컨디션이나 습성이 어떤지를 먼저 파악하고 강아지와 교감하고 친해지는 것에 더 신경을 써야한다. 예쁘게 스타일을 내는 것도 중요하지만 그보다 더 중요한 것은 강아지가 편안하고 좋은 기억을 가지고 갈 수 있게 해주는 것이다.

우리에게 돈을 지불하는 것은 견주지만 우리가 상대하는 직접고객은 바로 강아지다. 좋은 미용사는 견주에게 친절할 뿐만 아니라 미용테이블에 올라선 강아지에게도 친절해야 한다. 이 문제 때문에 같은 공간에서 일하던 사람을 해고한 적도 있다.

한때는 같은 공간에서 여섯 명이 일을 하는데 새로 들어온 직원이 사람들에게는 무척 친절한데 강아지에게는 태도가 달랐다. 말로 구시렁대면서 강아지에게 거칠게 대했다. 한 번이면 참고 넘어갈 수도 있었을 텐데 번번이 그러니, 그 모습을 본 다른 직원들이 스트레스를 받고 힘들어 했다. 그 직원은 실력이 좋았기 때문에, 그런 태도만 눈감아준다면 나에게 돈을 많이 벌어줄 사람이었다. 하지만 나는 과감하게 그를 내보냈다.

하지만 그대로 내보내면 다른 곳에 가서도 같은 행동을 할 것 같아서 나는 해고사유를 밝혔다. '강아지를 좋아해서 애견미용을 하는 것이 아니라 그저 돈이나 직업으로만 생각하면서 일하는 것 아닌가? 해내야할 목표치에만 관심이 있고 주변을 보지 않는다면 강아지를 좋아하고 아끼는 마음으로 하지 않는다면 이 일로는 성공할 수 없다. 강아지 한 마리 한 마리를 돈으로 바라보지 말라. 강아지를 함부로 대하지 말고 구시렁대지 않고 일하는 것을 배워라. 당신이 남에게 직접적으로 피해를 주는 것은 아니지만 강아지가 좋아서 이 일을 하는 사람에게 스트레스와 악영향을 주니 그것을 고려했으면 한다. 당신의 실력은 나무랄 데 없지만 나의 가치관과는 맞지 않으니 그만두는 것이 좋겠다'고 말이다.

다행스럽게도 그 직원은 나가면서 나에게 고맙다고 했다. 자신이 여태껏 애견미용사 일을 해왔지만 손 빠르게 일을 잘해서 돈 많이 버는 것에 대해 칭찬만 받았을 뿐, 애견미용사로 갖춰야 할 마인드를 지적해주는 사람이 없었다는 것이다. 불평불만을 일삼는 사람이 행복할 리 없듯, 구시렁대면서 강아지를 다루는 사람이 행복했을 리는 없다. 물론 해고사유를 그럴싸하게 둘러댈 수도 있지만 나는 진심으로 그녀를 위해서 조언을 했고 고맙다고 대답한 그녀는 강아지를 더 사랑하는 것만큼 삶도 더 행복해졌을 것이다. 행복은 멀리에 있지 않다. 작은 습관, 사소한 버릇을 고치는 것만으로도 우리는 얼마든지 더 행복해질 수 있다.

고객의 컴플레인에
마음을 다치지 말라

　미용사에게는 손님응대 능력도 기술만큼이나 중요하다. 미용을 하다보면 강아지에 상처가 날 때가 있다. 클리퍼를 사용할 때 너무 움직이거나 싫어하는 개들이 있는데 갑자기 움직이면 상처가 나거나 몸에 트러블이 생길 수 있다.

　피부가 약한 개들의 경우 '원래는 안 그랬는데 미용을 끝내고 집에 와보니 벌겋게 일어나 있다'고 연락이 오거나 컴플레인을 하는 경우들이 있다. 클리퍼가 약간 따뜻하다보면 민감한 반응을 보이는 것이다. 이런 개들은 사실 집에서 빗질을 자주 안 해줘서 피부가 약해진 경우가 많다. 미용사의 잘못도 있을 수 있지만 건주도 집에서 관리가 소홀했던 것이다. 사람의 피부처럼 개들의 피부도 산책을 하면서 햇빛을 보고 산소도 공급받아야 건강하다. 방에서만 지내는 아이들은 피부가 약해져서 미용사의 부주의로 클리퍼나 가위를 댈 때 벌겋게 일어날 수도 있다.

이유가 어찌 됐건 손님과 마찰이 생길 때는 일단 죄송하다고 먼저 말하고 대화를 나눠야한다. 말 한마디에 천 냥 빚을 갚는다고 하지 않는가. 실수를 했더라도 어떻게 말하느냐에 따라서 마음이 풀어질 수도 있고 화가 날 수도 있는 것이다. '제가 미용할 때는 멀쩡했어요.'라고 말하지 말고 '아이 피부가 민감해서 미용이 잘 안 맞았나 봐요. 잘 살폈어야 하는데 죄송해요.'라고 말하는 편이 낫다. 우선은 잘못을 시인하며 손님을 설득해야한다. 핑계를 대는 것처럼 말하면 손님은 받아들이지 않고 '나는 돈을 냈으니 당신이 책임져야 되지 않겠느냐'고 나오게 된다. 애견미용사는 견주를 응대하는 것도 배워야하고 강아지 손님을 대하는 것도 배워야 한다. 그래야 문제가 더 이상 붉어지지 않는다.

물론 손님이 작정하고 나올 수도 있다. 원래 피부가 안 좋았는데도 '미용실에 갔다 오더니 이렇게 됐다'면서 미용사 탓을 하는 사람도 있다. 그렇기 때문에 강아지를 받았을 때 강아지의 초기증상을 충분히 살펴야한다. 차트를 만들면서 건강상태라든가 미용

스타일도 기록하는 습관을 가져야한다. 이상한 부위는 사진으로 찍어놓고 손님이 올 때 이런 증상이 있었다고 보여준다던가, 미리 사진을 보내주는 것도 방법이다. 그러면 나중에 손님이 와서 볼 때 설명할 수 있는 증거가 될 수 있다. 대수롭지 않은 것은 집에서 관리할 수 있는 방법을 알려주고 해결책을 제시해주면 더 좋아한다. 이런 모든 것이 손님을 만족 시킬 수 있는 방법이기도 하다.

차트를 기록할 때는 미용 전에 손님이 원하는 부분을 차트에 꼼꼼히 기록해두고 강아지에 대한 정보들을 양식에 맞게 잘 기록해 두자. 기록하지 않아서 스타일을 요청대로 하지 않고 다르게 하게 되었을 때는 실수를 먼저 인정하는 것이 좋다. 강아지에게 더 잘 어울릴 것 같아서 지금의 이런 스타일로 표현해 봤다고 전달하는 것도 방법이다. 강아지를 위해서 했다는 것을 말해주어야 문제가 커지지 않을 수 있다.

많은 애견미용사들이 자신의 기술이 컴플레인을 받으면 마음에 상처를 입는다. 컴플레인을 받을 때마다 멘탈이 흔들린다면 애견미용사 일을 중도에 그만두게 된다. 하지만 단순하게 생각해 보자. 컴플레인을 받는 것은 내가 살아온 과정이나 나의 인간성에 대한 모독이 아니다. 그것을 생각하면 잠깐 어깨가 처져 있다가도 금방 회복하고 일어날 수 있다.

자신이 한 작업의 결과에 대해 견주가 불만을 가지고 비난을 했더라도 그 사실 자체를 단순하게 생각하라. 지금 받는 비판은 내가 살아온 삶 전체를 무시하거나 나의 인격에 문제가 있어서 받는 것이 아니다. 컴플레인이 들어오면 그 문제를 자신 안으로 끌고 들어와 마음이 무너지는데 비난의 원인은 항상 정해져 있다. 바로 강아지 때문이다.

그 사실을 빨리 캐치해야 한다. 강아지 때문에 순간적으로 모독을 받는 것이지 나의 삶 자체가 모독 받는 게 아니다. 물론 화가 난 사람들은 모든 것을 싸잡아 비난을 한다. 하지만 생각해 보면 '저 사람은 개를 사랑하고 그 개 때문에 저렇게 화를 낸다.'라고 생각하면 멘탈이 흔들리는 것을 줄일 수 있다. 기억하자. 애견미용실에서 생기는 대부분 문제의 원인은 강아지 미용이나 개 때문이다. 원인만 제대로 알아도 마음을 지켜낼 수 있다.

특히 막 애견미용에 입문한 사람들은 컴플레인이 왔을 때 상처를 많이 받고 힘들어한다. 멘탈이 강한 사람도 타인에게 비난을 들을 때는 감정적으로 흔들리기 쉽다. 사람인지라 당연히 기분이 상할 수 있다. 그래서 심한 컴플레인을 경험한 뒤 일을 그만두는 사람들도 많다. 사람하고 부딪히기 싫고 애견미용사는 강아지만 다루면 된다고 생각하고 애견미용사가 되었다가 사람 때문에 상처받고 그만두는 것이다. 애견미용사라는 직업은 사람도 만나고 강아지도 만나는 직업이다. 이 둘을 같이 조율하고 대면해야하는 직업인 것이다. 미용사는 보호자를 상대하고 강아지를 상대해야 한다. 그것을 알고 현실을 마주하면 이겨내기 쉽다. 강아지만 생각하고 입문했다가는 사람을 상대하면서 겪는 일로 인해 엄청난 상처를 입는다.

애견미용은 서비스 직종이다. 미용사가 받게 되는 컴플레인은 대부분 강아지 때문이다. 따라서 강아지를 먼저 생각해 주어야 한다. 견주도 결국 강아지 때문에 컴플레인을 하는 것이고, 미용사 역시 강아지 때문에 미용을 하는 것이다. 따라서 보호자가 비난을 하거나 따지고 들어올 때, 이 강아지가 얼마나 힘들까 아닐까를 먼저 판단하면 감정조율이 쉽다.

예를 들어 강아지 발톱을 자르다가 피가 났거나, 미용을 하다가 귀 끝을 조금 자르게 되었다고 치자. 지혈을 했고 잘 처치를 한 후인데도 보호자에게 고지를 하면 굉장한 인격모독을 당할 수 있다. 기술이 있느냐, 자격증은 어디서 땄느냐, 얼마나 경력이 있느냐, 책임은 누가 지느냐 등 많은 비난을 듣게 된다. 그때 견주를 설득시키는 것보다 강아지가 아픈 것을 먼저 어필해 보자. 견주도 자신의 강아지가 얼마나 아플까 싶어 화가 나서 따지는 것이기 때문이다. 강아지에게 상처가 났을 경우 얼마나 아플지 헤아려주며 먼저 강아지를 케어하면 견주의 생각도 미용사를 공격하는 것에서 강아지에 대한 걱정으로 바뀐다.

펑계를 대거나 회피하려고 하지 말고 원인을 찾으면 된다. '강아지가 얼마나 아프겠는가, 속상하다. 견주님은 더 속상할 것이다. 나에게 얼마든지 뭐라고 해도 되지만 일차적으로는 강아지가 먼저다. 병원을 다녀온 뒤에 이야기하자.' 이렇게 강아지를 우선순위로 두는 것이다. 강아지와 함께 병원에 간다던가 아니면 아는 병원에 연락을 해 줄 경우, 그 마음을 느끼면 견주들도 미안한 마음이 든다. 강아지 걱정을 먼저 하는 것이 조금이라도 빨리 상황을 극복하는 방법이다.

반려동물을 키우는 사람들은 하나같이 '엄마, 아빠, 우리아이'라는 용어를 쓴다. 강아지를 자식처럼 여기는 세상이고 강아지가 다치는 것은 자녀가 다치는 것과 맞먹는다. 그 견주의 마음을 헤아려 주어야 한다. 그 마음을 미용사가 갖고 있다면 손님과의 컴플레인은 상당히 줄일 수 있고 미용사들의 마음도 상처를 덜 받을 수 있다.

유모차에 강아지를 태워서 산책하고 아무리 바빠도 하루에 두세 번씩 산책을 시키는 시대다. 강아지 키우는 사람의 마음이 어떻겠는가를 생각하면 서운할 것도 없고 강아지에게 말 한마디 건네는 것도 달라지게 된다. 미용실을 찾은 고객이 당신을 비난하거든 아이를 키우는 보호자 마음이 어떻겠는가를 늘 생각하라. 비난과 컴플레인으로 상처받은 당신의 마음도 빨리 치유될 것이다.

자신만의 경쟁력을 갖춰라

애견미용사들은 '하라는 대로 했는데 왜 안 돼지?' 이것에 대한 고민이 제일 크다. 내가 할 때는 강아지가 너무나 비협조적인데 선배나 원장님이 하면 순종적이 되는 것이 제일 난감하다. 가르쳐주는 대로 하는데 왜 안 될까? 뭐가 잘못된 걸까? 그것을 나도 겪었고 내가 가르쳐준 제자들도 그런 질문을 많이 한다. 원장님은 되는데 왜 자기는 안 되느냐고 말이다. 지나고 보니 방법을 몰랐던 것이다. 강아지를 잡고 있을 때의 강아지의 반응을 몰랐고 강아지가 힘주어 당하고 있는 느낌을 빨리 캐치할 줄 몰랐다. 또한 시술적으로 안 되는 것은 미용을 하는 사람의 위치와 보는 사람의 위치가 달라서 그렇다는 것을 몰라서였다.

　나는 제자들에게 앉아서 미용하지 말라고 한다. 그리고 가위의 손보다 내가 어디를 보는지 그 시선의 위치와 높이를 보라고 말한다. 어디를 자르는지가 중요한 게 아니라 어디를 보고 자르는지를 캐치하라고 말한다. 미용을 하는 사람의 보는 위치와 지켜보는 사람의 위치가 다르기 때문이다. 그 개념을 빨리 깨우쳐 주려고 했다. 나는 해봤냐고 물어본다. 안 해봤다고 하면 해본 다음에 물어보라고 하는 것이 내 입버릇이다. 방법은 직접 해보는 것이고, 해보면서 잘못된 걸 물어보는 거다. 그러면서 내가 찾은 방식 중 하나는 기술이기에 사람들이 주로 미용을 하는 사람의 손을 보는데 나는 눈을 보라고 한다.

　앉아서 미용하지 말라는 이유는 앉아서 했을 때 보는 위치와 서서 했을 때 보는 위치가 다르고 강아지에게 스트레스를 덜 줄 수 있는 방법이 다르기 때문이다. 반사적으로 행동할 수 있는 범위가 다르다. 또한 초보자들에게 알려주고 싶은 것은 그냥 '보고 따라 해'가 아니라 미용사의 눈이 어디를 보는지 그 다음이 가위의 방향, 그 다음이 설명이다. 이런 걸 찾아내서 전달해주기 위해 노력한다. 나 역시 가르쳐주면서 왜 제자들이 안 될까 생각했기 때문이다.

나는 제자들의 자세를 본다. 작품만 보고 이야기하면 발전이 없다. 기본적으로 미용 기술이 표현될 때의 자세나 위치를 정하는 것을 알려준다면 배우는 사람도 그 아이디어와 능력이 무궁무진 해진다. 어부가 고기 잡는 법을 가르쳐주듯이 나 역시 만드는 법을 가르쳐 주는 것이다.

애견미용을 보면 하나의 아트 같다는 생각이 들 때가 있다. 다양한 스타일과 디자인을 꾸준히 연구하니 말이다. 연구를 하기 위해서 입체도형을 그려보면서 생각을 많이 한다. 도형을 이용해서 입체적으로 어디를 강조하며 어떻게 표현할 것인지 고려한다. 매번 수업을 하면서 도형에 대한 개념을 많이 전달하려고 노력한다. 입체를 강조해야 하니까 말이다. 보통 받는 교육은 2D로 많이 받는데 사실은 강아지의 미용 작품이 나오는걸 보면 사각지대가 많고 3D인데 어떻게 개념전달을 해야 할까 고민하다보니 도형을 많이 생각하게 된 것이다.

직접 그려보고 실습해보면서 되는 것과 안 되는 것, 도형이 꺾였을 때의 입체감에 중점을 둔다. 결과적으로는 하나의 원인데, 원에 굴곡을 주기 위해 입체도형을 많이 연구할 필요가 있다. 깎아내고 잘라내면서 여러 각도에서 튀지 않고 사람 몸매처럼 곡선을 표현하는 것에 신경을 쓰는 것이 좋다. 디자인을 연구하기 위해 사람의 옷이나 헤어스타일을 보고 많이 접목하거나, 야채나 동물 모양도 많이 접목한다면 좋을 것이다. 무엇보다 견종마다 가지고 있는 본연의 특징을 잘 살려주는 방식을 구사하면 여러 가지 스타일이 나올 수 있다. 단점을 숨기는 것보다 드러내는 것도 한가지 방법이다. 당당히 드러내면 그게 장점이 된다. 어떤 것이든 끊임없이 보고 연구하고 도전해보는 것이 가장 필요한 자세다.

도전한다는 것은 미용방법에만 국한된 것이 아니다. 애견미용은 오프라인으로 직접 기술을 전수하고 습득해야만 익힐 수 있다. 글로 습득가능한 지식이 아니라 손으로 익혀야 하는 기능공이기 때문에, 온라인 수업이라는 방식으로는 배우는 데 한계가 있다. 눈으로 보는 것과 가위를 들고 다양한 견종과 견체에 맞게 직접 자르는 것은 완전히 다른 일이기 때문에, 대면으로 전수해야하는 독특한 면이 있다.

그래서 수많은 직업들이 온라인 교육을 실시해도 애견미용만큼은 여태껏 그런 적이 없었다. 감각적 디테일이나 움직이는 강아지를 이용하기 때문에 경우의 수만 대표적으로 이야기할 수 있을 뿐 그 강아지의 습관을 다 할 수가 없었다. 사람의 성격이 각자 다르듯 강아지의 성격도 다 다르기 때문이다. 내가 애견미용을 처음 배울 때 퇴계로의 많은 강아지들을 실습대상으로 삼았던 것처럼, 다양한 견종의 실습 강아지를 상대로 연습해야만 했다.

애견미용업계에 모형강아지가 등장했다. 애견미용기술을 실제 강아지가 아니라 모형강아지 도그 위그로 배우는 시대가 된 것이다.

모형강아지로 실습을 할 수 있게 되면서 더 많은 사람들이 접근할 수 있게 되었고, 온라인으로도 교육할 수 있는 여건이 조성되었다. 이런 시대적 상황을 타고 애견미용사들이 하나둘씩 유튜브나 SNS를 통해서 라이브 방송을 하면서 온라인 활동을 시작했다. 온라인의 장점은 지리적 시간적 공간적 제약을 받지 않는다는 것이다. 외국의 영상도 한국에서 볼 수 있고, 우리나라에서 올린 영상을 세계 각국에서도 볼 수 있는 시대가 되었다.

내가 온라인으로 애견미용교육을 해야겠다는 생각을 한 것은 2019년 무렵이었다. 애견미용을 배우고 싶어 하면서도 지리적 경제적 여건 때문에 배우지 못하고 접하지 못하는 사람들을 위해 온라인수업을 계획하고 있었는데 모형강아지를 이용해서 온라인으로 교육하고 자격증을 딸 수 있도록 하는 것도 괜찮겠다는 생각이 들었던 것이다. 모형강아지의 종류나 색깔도 다양해졌고 표현해 보고 싶은 기술을 모형강아지로 해볼 수 있게 되었다.

2020년도에 본격적으로 온라인 애견미용 강의를 해보면 어떻겠냐는 제의를 받았다. 내가 비숑으로 왕성하게 활동하고 있었고 애견업계가 바뀌고 있는 것을 사람들이 지켜보면서, 애견미용 쪽에 기업투자가 많이 들어오고 있었다. 적임자를 찾던 중에 적합한 사람 중 한 명으로 나를 선택한 것이다.

온라인 애견 미용자격증 전문 학원은 내게 새로운 도전이 되었다. 애견 미용에 대해 관심이 있지만 현실적으로 배울 시간이 없는 사람들을 위한 것인만큼 쉽게 도전할 수 있게끔 애견 미용의 온라인 교육 시스템을 구축하였다. 현장에서 놓칠 수 있는 미세한 포인트까지 깨끗하게 담아내기 위해 6대의 FHD 카메라로 촬영을 진행하여 오프라인의 한계를 극복하기 위해 더욱 노력했다. 그 결과 새로운 온라인 애견 미용 교육의 장을 열었다는 평가도 얻게 되었고, 수강생들에게 호평도 이어졌다. 처음 시작할 때만 해도 온라인 애견미용 학원이라는 도전은 큰 부담감으로 다가왔지만, 코로나시대 이제 애견미용 학원도 변화가 시작됐음을 느끼게 됐다. 시대는 변한다. 애견미용도 변화에 맞춰 앞으로 나가면 된다. 누가 코로나시대를 상상했겠는가! 비대면 강의가 주를 이루게 될 지 누가 예측했겠는가!

도전이라는 것은 어떻게 생각하느냐에 따라 다르게 이어진다. 내가 지금 온라인 애견미용 학원을 새롭게 도전한 것처럼 말이다. 새롭게 시대를 바라보고 시대에 맞춰 눈을 돌려라. 그러면 애견미용사로서의 새로운 시각을 갖게 될 것이다.

Dog beautician

내 강아지 셀프미용 *TIP*

　과학과 의학기술이 발달하면서 사람들의 평균수명이 획기적으로 늘어난 것처럼 동물산업의 발달로 반려견들의 평균수명이 늘어나고 있다. 예전과 달리 양질의 사료와 간식, 치료식을 제공하고 시간 맞춰서 산책을 시키고 위생적이고 안락한 생활환경을 제공하는 견주가 대부분일 뿐만 아니라 조금만 아파도 동물병원을 찾아가서 치료를 받고 질병을 예방하고 치료하려고 노력하기 때문이다.

　평균수명이 늘어난만큼 노령견들의 질병 또한 급증했다. 암이나 심부전증, 당뇨병 등 질병을 가지고 있는 반려견들이 증가하는 추세다. 반려견은 자신의 주인보다 훨씬 더 빠른 속도로 나이를 먹는다. 우리는 반려견이 나이가 들어도 마냥 강아지라고 부르지만 한두 해만 살아도 강아지는 성견이 된다. 사람보다 빨리 어른이 되고 어느 순간부터 견주보다 빠르게 노화한다. 겉모습이 아무리 아이처럼 느껴져도 마찬가지다. 강아지가 아프면 애견미용을 전문가에게 맡기는 것이 힘들어질 때도 있다. 아픈 강아지를 몇 시간 낯선 환경에 둘 수가 없을 때도 있고 체력적으로 힘들 때도 있다.

그렇다고 강아지 미용을 하지 않고 지저분하게 둘 수도 없다. 아픈 강아지를 케어하고 있는 사람이라면 미용실에 가는 것 자체가 강아지에게 위험할 수도 있기 때문에 간호 케어를 목적으로 하는 미용은 안 할 수가 없다.

아픈 강아지가 아니더라도 미용실에 가기를 극도로 싫어하는 강아지가 있을 수도 있고 내가 사랑하는 아이를 내 손으로 직접 미용해주고 싶을 수도 있다. 노령견일 경우 미용실에 데리고 가는 것 자체가 신경이 쓰이고 스트레스를 받을 수도 있다. 이런 경우 견주가 직접 케어를 해준다면 스트레스와 긴장을 꽤나 줄일 수 있다.

다행히도 요즘은 마음만 먹으면 얼마든지 셀프애견미용을 배울 수 있다. 오드리펫의 온라인강의도 있고 검색을 통해서 애견미용을 배울 수 있는 사이트나 동영상들이 많다. 그 중에서 적당한 교재를 찾아도 된다. 전문 애견미용사가 되고 싶다면 전문과정을 거쳐야 하겠지만 내가 사랑하는 반려견을 위해 내가 직접 미용을 해주고 싶다면 서툴러도 된다. 내 강아지를 사랑하고 좋아한다면 견주가 직접 산난한 관리와 케어를 할 줄 알아야 하고 이런 과정을 통해 사랑도 더 커진다.

간단한 미용을 직접 해준다는 것은 그만큼 사랑을 베풀어 주는 것이다. 흔히들 강아지가 어떤 사료와 간식을 좋아하는지는 잘 알지만 미용을 할 때 어떤 반응을 보이고 무엇을 좋아하고 싫어하는지는 모른다. 단순히 미용실에 맡기면 된다고 생각한다. 그런 사람들일수록 애견미용을 하다가 뭔가 잘못되면 미용사가 실수했다고 탓을 한다. 하지만 애견미용사들은 기본적으로 개를 좋아하기 때문에 애견미용을 시작한 사람들이다.

물론 실수로 강아지를 다치게 하거나 스트레스를 받게할 수도 있지만 직접 자신의 반려견을 미용해보면 애견미용사들이 어떤 스트레스와 고충을 맞닥뜨리고 있는지 조금은 깨달을 수 있고 이해할 수 있을 것이다.

이런 이유들이 아니더라도 강아지 입장에서 한번 생각해 보자. 간단히 할 수 있는 관리임에도 매번 낯선 곳으로 데려가 케어하는 것보다 늘 사랑을 베풀어주던 주인이 다정하게 천천히, 서툴더라도 정성을 다해 미용해주는 편이 더 마음 편하지 않을까? 애견미용은 글로만 읽는다고 할 수 있는 쉬운 작업이 아니므로 그 방법을 몇 마디 글로 알려줄 수는 없다. 상세한 것은 독자 여러분이 찾아낸 인터넷 동영상을 참조하기로 하고 셀프 미용 케어를 위한 몇 가지 팁을 알아보자.

첫 번째 팁, 강아지를 억지로 끌어당겨가며 끝까지 케어하지 않는다.

기본적으로 강아지들은 움직이고 싶을 때 움직이고 기분 좋으면 뛰어오르기까지 하면서 주인에게 애정표현을 한다. 가위를 들고 미용을 할 때 강아지가 돌발행동을 한다면 다칠 위험이 굉장히 커질 것이 분명하기 때문에, 미용을 할 때는 움직임을 제압하게 된다. 미용만 시키려고 하면 화를 내거나 도망가는 경우도 많다. 그만큼 스트레스를 받기 때문이다.

내 강아지니까 예쁘게 해주고 싶은 마음이 있겠지만 강아지 입장에서는 정말 하고 싶지 않을 것이다. '엄마 아빠가 갑자기 왜 이러지?' 라는 생각을 하지 않을까? 그러니 강아지 심리를 헤아려서 그만큼 강아지가 익숙해지고 습득할 시간이 필요하다. 스트레스를 크게 받지 않는 상태에서 몇 번 반복해서 케어하는 시능을 해주고 나면 어느 정도 익숙해지고 인내할 마음이 생기기 때문이다. 강아지가 순종적인 상황에서 미용케어를 하는 것이 중요하다.

전문미용사가 하는 것이 아니기 때문에 강아지가 싫어하는 걸 억지로 힘으로 제압하듯이 잡아가면서 시도한다면 불신과 트라우마가 생긴다. 마냥 집에서는 놀기만 하다가 어느 날부터 갑자기 붙들고 미용을 하겠다고 이렇게 저렇게 하면 오히려 아이를 힘들게 할 수 있다. 그러니 미용케어하는 시능을 여러 번 반복하고 강아지가 익숙해지도록 하는 것이 중요하다. 처음부터 기술적인 것을 먼저 하는 것보다 괜찮은 것을 알려주는 게 우선이다.

두 번째 팁, 내 강아지라고 그냥 막 미용을 한다고 될 일이 아니다. 아이가 편안하게 느낄 수 있는 상황을 만들어줘야 한다. 위험하지 않을 공간에서 하고 강아지를 편하게 해줄 수 있는 작업대가 필요하다. 지금 너를 케어하려고 하는 거야를 반복적으로 알려줘야 한다. 그런 시간이 필요하다.

세 번째 팁, 욕심내지 말고 한 번에 한 가지씩만 해라.

오늘은 발톱만 자르고, 다음은 눈앞만 잘라주고 다음은 머리만 잘라주고…한 번에 다 하지 말고 하나씩 하나씩 해줘야 한다. 또한 클리퍼나 가위와 같은 기구를 사용할 경우 소리에 익숙해지게 한동안 들려주고 있다가 슬슬 몸에 대면서 천천히 적응할 수 있도록 해주라. 집에서도 미용에 대해 습관이 들도록 해주면 현장에서도 미용사들이 쉽게 할 수 있다. 집에서 잘못해서 싫어하게 되면 현장에서도 강아지는 싫어한다.

네 번째 팁, 눈과 귀 관리에 소홀하지 말라.

집에서 목욕을 할 때에는 눈과 귀, 피부 관리에 신경

을 써야 한다. 강아지 피부는 약하기 때문에 샴푸는 반드시 희석해서 해주고 눈에는 안약을 넣어주는 것이 좋다. 특히 여름에는 귀가 습해서 귓병이 잘 생기기 때문에 평소에도 귀 관리에 소홀하지 않게 해주어야 한다. 반려동물의 귀는 사람의 귀 모양과 매우 다르고 민감해서 청소하기 쉽지 않다. 자신이 없으면, 전문가를 찾아가서 관리를 하는 방법을 배운 후에 집에서 시도해 보는 것이 좋다.

대한민국 푸들미용의 대가 김남진

CHAPTER

1

애견미용사라는 직업,
애견미용사로 산다는 것

강아지의 매력에 빠진 소년이
택한 운명, 애견미용사

나는 어려서부터 강아지를 워낙 좋아했다. 중학생 때 텔레비전에서 군견이야기를 다룬 미국 드라마 〈달려라 죠〉를 보고 영특한 셰퍼드의 매력에 빠져들었다. 그런 개를 키우고 싶어서 부모님을 졸랐지만 충북 제천 청풍면에서 농사를 짓고 있던 부모님은 허락을 해주지 않았다. 중학교 2학년 무렵에는 하루도 빠짐없이 시내에 있는 애견센터에 강아지를 구경하러 갔다. 날마다 애견 숍에 출근도장을 찍고 강아지를 키우고 싶다고 떼를 쓰자 부모님은 '커서 뭐가 되려고 저러나' 하고 걱정을 하셨다.

사실 어려서부터의 꿈이 애견미용사는 아니었다. 특별한 꿈을 가지고 있지는 않았다. 텔레비전에서 봤던 믿음직스럽고 똑똑해 보이는 개와의 운명적인 만남이 나를 여기까지 끌고 온 것 같다. 어느 날, 애견센터에 있는 잡지를 펼쳐보니 세퍼드를 비롯한 여러 개들이 소개되어 있는데, 그 개들의 취급관리소가 훈련소로 되어 있었다. 〈달려라 죠〉를 보면서 훈련사가 되고 싶다는 생각이 들었던 나는 그곳에 꼭 가봐야겠다는 결심을 했다.

훈련소에서는 다행스럽게도 어린 중학생인 나를 훈련생으로 받아주었다. 여름방학 때 한 달 정도 애견훈련을 배웠다. 재미있고 신나는 나날이었다. 그래서 고등학교는 일부러 농업계고등학교 농업축산학과에 진학을 했다. 농업축산학과에 간 이유는 오로지 강아지 공부를 더 해보고 싶어서였다. 실제로 동물에 대한 기초와 이해를 배울 수 있었고 그런 공부가 너무 재미있었다.

나는 목표가 있으면 그것을 향해 집중력 있게 나아가는 스타일이다. 나는 내 꿈에 대해서, 내가 이 분야에 관심이 아주 많다는 것을 부모님께 계속 말씀드리고 보여드렸다. 어머니께서 "오늘도 또 개 이야기니?"라고 하실 정도였다.

고등학교에 들어가면서부터는 방학 때마다 본격적으로 애견훈련을 배우기 시작했다. 당시 수색 근처에 용두리라는 동네가 있었는데 애견훈련사들이 그곳에서 많이 배출되어 전국으로 진출했다. 애견훈련사를 한다고 했을 때 자식 이기는 부모 없다고 서울에 가서 배우도록 허락은 해주셨지만 잠깐 하다가 그만둘 줄 알았던 모양이다. 부모님 예상과 달리 애견훈련소에 계속 다니니까 나중에는 반대를 하셨다.

애견훈련사로 굳어졌던 나의 진로는 생각지도 못한 일로 바뀌게 되었다. 고2 겨울, 훈련소에 갔다가 집으로 들어가던 중에 교통사고를 당했다. 다리를 다쳐 4~5개월이나 병원에 입원하게 되었는데 병원에 누워서도 나는 온통 강아지 훈련 생각뿐이었다. 학교를 못가는 것보다 강아지 훈련을 못하는 것이 더 속이 상했다. 무엇보다 다리를 다치면 애견 훈련사를 못하게 되니 그것이 가장 큰 걱정이었다.

고3이 되어 진로 결정을 해야 했는데 다리는 회복도 덜 된데다가 재수술을 해야만 해서 고민이 많았다. 지금은 애견훈련에 대한 인식이 좋고 분야도 다양하지만 그때까지만 해도 개 훈련이라고 하면 오로지 경찰견이나 수색견 등 험한 일들이 대부분이었다. 활동량이 클 수밖에 없는데 다리를 다친 상태로는 불가능했다.

그 훈련소에는 현재 우리나라 최고의 훈련 대부로 알려진 이태원 소장님이 계셨고 부소장으로는 애견CF로 유명한 김경렬 소장님이 계셨다. 그리고 당시 국장으로 있으면서 많은 훈련사를 배

출한 분이 지금 한국애견협회 신귀철 회장님이다. 감사하게도 그
때 이런 귀한 분들을 만나게 된 것이다.

고민하고 있던 나에게 신귀철 국장님이 애견미용을 해보라
고 권하셨다. 그 직업이 앞으로는 크게 뜰 거라며 말이다. 당시에
는 일반 이·미용업계에서도 남자미용사들에 대한 편견이 있을 때
였다. 하물며 애견미용을 남자가 어떻게 할까 싶어 쉽게 받아들이
지 못했다. 하지만 신국장님은 나에게 훈련보다는 그 일이 더 잘
맞을 수 있다고 추천해 주셨다. 그분의 조언을 따라 옆에 있던 애
완견전문훈련소에 머물면서 낮에는 미용을, 저녁에는 훈련을 배
웠다.

충무로에 있는 애견미용실도 다녔다. 당시 충무로에는 애견
미용학원이 딱 한 곳 있었고 애견미용실도 몇 개 되지 않았다. 나
에게 애견미용을 가르쳐주신 분이 김달균 선생님이다. 몇 평 되지
않은 작은 미용실이었지만 그분 밑에서 3개월 정도 미용을 배우
다보니 나름 재미가 있었다.

그런데 갑자기 선생님이 부산으로 내려가 개업을 하게 되었
고 얼마 지나지 않아 나는 입대를 하게 되었다. 다행히 제천에서
지역방위로 근무하게 되었고 퇴근 후엔 밤마다 제천에 있는 〈골
드애견〉이라는 애견 숍에서 일했다. 당시 지방에는 애견미용을

하는 사람이 별로 없어서 하루에 대여섯 마리씩 미용을 했는데 나에게는 좋은 기회였다. 덕분에 군 생활을 마치고 본격적인 애견미용사의 길에 들어서게 되었다.

교통사고로 다친 후에 애견훈련사에서 애견미용사로 진로를 바꾸자 부모님의 반대는 더욱 심해졌다. 남들처럼 평범한 직업을 갖기를 바랐던 부모님은 내가 왜 애견미용사가 되겠다고 하는지 이해를 못 하셨다. 집안의 장남인데다가 밑에 동생이 세 명이나 있었으니 그럴 만도 했다. 하지만 내가 일본까지 다녀오고 스스로의 길을 찾아 나름대로 열심히 달려가는 모습을 보면서 서서히 마음 문을 여셨다. 이 분야에서 조금씩 이름이 나기 시작하니 지금은 오히려 자랑스러워하신다.

하고 싶은 일이 있다면
당당하고 자신 있게!

애견미용사로 진로를 정해놓고도 처음에는 애견미용을 한다는 것에 대해서 사람들에게 말하기가 조금 껄끄러웠다. 당시는 일반미용도 남자가 하면 편견을 가질 때였기에 남자 애견미용사라는 것에 대해 스스로도 당당하지 못했던 것이다.

사실대로 말하면 대부분의 사람들이 애견미용사라는 직업 자체가 생소해서 한번 놀라고 남자가 애견미용을 한다는 것에 두번 놀라곤 했다. 다들 "남자가 애견미용을 해?"이런 반응들이었다. "우리나라에 그런 직업이 있어요?"라고 물어보는 사람들도 적지 않았다. '강아지 털이 길면 그냥 집에서 밀어주면 되지 않나?'

라는 인식이 있을 때였다. 개들은 주로 마당에서 키우는 것으로 생각하던 시기였으니 애견미용이라는 것 자체가 와 닿지 않았던 것이다. 그래서 친구들에게조차 말하기가 좀 꺼려졌다.

주변 사람들에게 내 직업과 비전을 처음으로 이야기한 것은 군대를 다녀온 후였다. 그리고 일본에 다녀온 다음부터는 다른 사람들의 반응에 신경 쓰지 않고 당당하고 자신 있게 주변에 이야기하게 되었다. 1993년부터는 우리나라에서도 조금씩 애견미용 분야가 인기를 얻게 되면서 사람들도 이 직업에 대한 인식을 새로이 하게 되었다.

지금은 애견미용사라는 직업에 대한 선호도와 위상이 꽤 높아졌기에 스스로도 이 길을 걸어온 것에 대해서 자부심을 갖는다. 28살 때부터는 방송에도 자주 출연하게 되면서 지방에 있는 친구들이 나를 보면 출세했다고 많이 부러워했다. 유명인 친구를 두었다고 말이다. 그 옛날 이 직업이 뜰 거라고 나를 이 길로 적극 추천하셨던 훈련센터 선생님들이 선견지명이 있으셨던 것이다.

제대 후 다시 서울에 올라와 〈유한나켄넬〉이라는 애견숍에서 미용을 시작했다. 지금은 동물병원에서 애견미용을 같이 하는 곳이 많지만 당시에는 대부분의 애견미용사들은 애견숍에서 일을 했다. 하루에 보통 13~15마리 정도를 미용했다.

1년 정도 그곳에서 애견미용사로 일하던 중 우리나라에서 열린 도그쇼에 나간 적이 있었다. 그때 일본인들이 푸들과 시추 그루밍 한 것을 보게 되었다. 눈을 뗄 수가 없었다. 애견잡지에서 이런 스타일들이 나온 것을 봤을 때부터 꼭 한번 배워보고 싶었다. 특히 푸들 같은 견종으로 배우고 싶은데 어디서 어떻게 배워야 하는지 알아보니 당시 우리나라에는 그런 기술을 배울 데가 없고 일본에 가야만 한다고 했다. 나는 주저 없이 일본으로 출발했다. 22살 나이에 기본적인 일본어 한마디 할 줄 모르면서 겁도 없이 도전한 것이다.

뜻이 있는 곳에
길이 있다

일본에 도착해서 신귀철 회장님에게 소개받은 일본인을 통해 학원을 추천받았다. 그러나 그 학원은 입학금이 한국 돈으로 수백만 원에 달했다. 생활비만 겨우 가져간 나로서는 도저히 다닐 수 있는 형편이 안됐다. 하는 수 없이 몇 달 동안 플라스틱 박스 공장에서 아르바이트를 하며 학원비를 벌었다. 카마타역 근처에서 한국 사람이 일하는 애견미용실에 놀러갔다가 '여기에서 일해 보지 않겠느냐'는 말에 그곳에서 미용을 하게 되었다.

어느 날 한 여인이 나를 찾아왔다. 그녀는 내가 미용하는 것을 유심히 지켜보더니 자기네 학원으로 오라고 했다. 놀랍게도 그녀는 바로 내가 가려고 했던 도쿄도컬리지의 우에노 원장이었다. 알고 보니 내가 다니던 숍의 사장과 그 학원장이 서로 알던 사이였던 것이다.

우에노 원장은 나에게 학원에서 학원생들이 어설프게 해놓고 간 강아지들을 다듬어주는 일을 해달라고 했다. 이후에는 학원에서 미용을 배우면서 보조강사로 일하게 되었다. 아침에는 신주쿠에서 어학공부를 하고 오후에는 도쿄도컬리지 학원에서 미용을 배웠다. 아침부터 저녁까지 쉴 틈이 없었지만, 애견미용을 꼭 하고 싶다는 열망 때문에 그 힘든 시간을 견딜 수 있었다. 목표가 확실하니 거침이 없었다.

그때 원장님을 따라 도그쇼에 나가게 되었는데 그분을 따라 전람회에 나가게 되면서 도그쇼 세계에 눈이 열리게 되었다. 애당초 내가 일본에 간 것은 푸들 도그쇼 미용을 배우고 싶어서였다. 원장님은 치와와와 페키니즈 전문이어서 그동안 푸들 도그쇼 미용에 대해 배울 길이 없었는데, 전람회에 갔더니 그것을 배울 수 있는 분들이 계셨다. 그중에 도그쇼 푸들미용 분야에서 랭킹 3위 안에 드는 오오무라 도시노리 선생을 만나게 되어 명함을 받아왔다. 우에노 원장님은 꿈을 갖고 이곳까지 왔다면 그 사람에게 가서 배우라면서 나를 기꺼이 보내주었다. 도쿄도컬리지 원장님은 지금도 왕래를 하고 있고 한국에 오실 때마다 만난다.

　　1996년부터 시즈오카에 있는 오오무라 선생님의 견사에서 생활하며 미용기술을 사사받기 시작했다. 푸들로는 세계 톱클래스인 그에게로부터 도그쇼 털 관리부터 미용기술까지 여러 가지 기술과 노하우를 배웠다. 그를 따라 프로핸들러로 일본 전람회 활동도 하게 되었다.

하루도 변함없이 한 치의 오차도 없이, 습관의 중요성

일본에서 배울 때는 정말 근성 있게 일했다. 내가 잘해야만 더 많이 배울 수 있는 시절이었기에 남들보다 더 독하게 했다. 오오무라 선생의 푸들견사에서 배울 때는 하루에 3~4시간 정도만 자면서 일했다. 하루 일과를 마치고 새벽 2시가 넘어서 잠자리에 들면 아침 5시쯤에는 일어나야 했다. 일찍부터 케이지에 있는 강아지를 밖으로 빼주고 청소도 해야 했다.

일본사람들은 그 시간에 이것을 해야 한다고 계획하면 반드시 한다. 선생님의 부모님이 견사를 도와주고 계셨는데 하루도 변함없이, 한 치의 오차도 없이 똑같이 일을 하시는 것이었다. 내일로 미루는 법이 없었다. 선생님의 부모님의 생활을 보고 배우며 생활습관을 만들게 된 것이 지금까지도 나에게 큰 도움이 되고 있다.

일본은 업계에서 브리더를 꿈꾸거나 애견미용을 배울 때 업무에 적합한 생활패턴을 만들고 그것을 철저하게 시키면서 일한다. 그 체계가 잘 만들어져있다. 그때는 일본이 한국보다 20~30년은 앞서 있다는 생각이 들었다. 일본에는 도그쇼 등이 이미 정착되어 있었고 우리나라는 막 시작할 무렵이었다. 그 뒤 우리나라도 빠르게 성장했고 기술이 매우 좋아졌다.

도그쇼 핸들러나 펫미용 분야에서 지금은 한국의 기술이 일본보다 더 발전했고 매우 우수하다. 그런데 교육자로서 볼 때 기본기나 체계적인 면에서는 아직까지도 일본이 더 잘 되어있다고 본다. 한국은 갑자기 우후죽순 애견미용이 많이 생기다보니 기본체계를 잡아주는 부분이 조금 약하다. 이 일을 하기 위해서는 무엇보다 기본기가 잘 잡혀있어야 한다. 기본부터 잘 배워야 그 위에 기술이 쌓이고 쌓이는 것이다. 기본기가 몸에 습관처럼 배어있어야 하는 것이다. 적당히 하다보면 어느 정도는 될지 몰라도 언젠가 분명히 한계가 드러나고 그 뒤의 성장이 더딜 수밖에 없다.

호기심과 도전하는 마음이 없으면
전문가가 될 수 없다

나는 호기심이 많다. 애견 훈련을 할 때도 그랬고 미용사가 된 지금도 마찬가지다. '저 미용은 어떻게 하는 거지?' 이런 궁금증이 생기면 반드시 해답을 알아내야만 직성이 풀리는 성격이었다. 지금은 SNS가 발달해서 쉽게 찾아볼 수 있지만 내가 애견미용을 시작했던 그때는 직접 가서 눈으로 보지 않으면 안 되는 때였다. 그 시기는 교육방식도 직접 보면서 따라하는 방식이었다.

나는 유독 강아지 역사 공부가 재미있었다. 견종 하나하나에 얽힌 내력과 스토리를 공부하다보면 너무 재미있어서 시간 가는 줄을 몰랐다. 마치 전설동화를 읽는 느낌이라고나 할까. 또한 강아지가 사람의 말에 반응하고 따르는 것이 너무 신기했다. 처음에는 그런 강아지의 매력이 나의 마음을 열었고 미용을 하면서 나의 호기심이 더해져서 자꾸 새로운 것들이 궁금해지고 알아가고 싶은 욕구가 생겼다. 나는 알고 싶은 것은 반드시 해야 속이 풀리는 스타일이다. 내가 무엇이 잘못되었는지 남들의 결과물과 비교도 해보고, 자꾸 시도해보았다.

이 계통에서 인정받는 사람이 해주는 조언도 중요하다고 생각했기에, 잘 알려진 사람들을 찾아가서 자문도 구하고 배웠다. 과거에는 그런 사람을 찾기 쉬웠다. 사람들의 실력이 눈에 금방 보였기 때문이다. 지금은 유명세에 SNS나 마케팅이 영향을 미치면서 SNS 등에서 유명하다는 사람을 보면 실제 실력보다는 포장된 경우가 많다.

나는 호기심과 도전하는 마음이 없으면 전문가가 될 수 없다고 생각한다. 의사도 의술을 배울 때 학문적인 부분만 공부하는 것이 아니라 실제로 해봐야 실력이 느는 것처럼, 애견미용사도 자꾸 도전해 보고 연습해 보고 실천에 옮겨야 전문가가 되는 것이다. 이론으로나 머리로만 하는 것은 미용평론가지 기술자가 아니다. 전문가는 그 분야의 지식과 기술과 능력이 몸에 배어있어야 한다. 그래서 난 전문가가 되기 위해 견종에 대해서 이해하면서 하나하나 배워갔다. 그리고 그것을 내 몸으로 체득하도록 노력했다.

나날이 발전하는 전문가가 되고 싶었고 어제보다 오늘 더 발전하는 사람이 되고 싶어서 누구보다 노력했다. 게다가 말하는 것을 좋아하기 때문에 학생들을 가르치는 것도 적성에 맞았다. 기술자는 기술을 가지고 말을 해야 한다. 내가 알고 있는 것을 잘 설명해 주고 학생들이 배우고 성장하게 하는 일이 참 좋다. 지금도 학생들을 가르치면서 나름대로 공부를 하고 있다. 물론 원장으로서 운영과 학생관리에도 많은 고민을 하고 있지만 내가 왜 이 자리에 있는가를 잊어버린 적은 없다.

돌이켜보면 강아지 훈련보다 애견미용 분야로 오기를 잘 했다는 생각이 든다. 이 일이 나와 잘 맞는 것 같다. 다리를 다쳐서 이 분야로 오게 되었지만 어쩌면 운명의 신이 내 편이 아니었던가 싶다. 교통사고 때문에 애견훈련사를 포기해야 했을 때는 왜 나에게 이런 일이 일어났는가 싶어 힘들기도 했지만 그것을 통해서 새로운 길이 열린 것이었다.

인생은 직선이 아니라 수많은 선택과 갈림길로 이루어진 미로와 같다. 지금의 선택이 어떤 결과를 가져올지, 지금 걷고 있는 길이 어디로 이어질지는 아무도 모른다. 혹시 절망적인 상황에 놓여있는가? 실패했다고 생각되는가? 하던 일이 마음대로 되지 않아 괴로운가? 고민하지 말고 툭툭 털고 일어나 지금 하고 있는 일에 최선을 다해라. 단언컨대 지금의 실패나 절망은 영원하지 않다. 현재에 최선을 다하면 그 노력과 열정이 당신을 성공의 길로 인도할 것이다.

CHAPTER
2

애견미용과 애견미용학원,
스승과 제자

애견미용사 제자육성을 위해
미용학원을 시작하다

1년 정도 일본에서 공부하면서 많은 것을 배우고 느끼고 돌아왔다. 우리나라에 돌아와서는 애견미용사로 취업을 하는 것이 아니라 선생으로 일하기 시작했다. 국제애견미용학원에서 1년 정도 학생들을 가르쳤고 이후에는 대한애견미용학원에서 원장으로 1년 정도 근무했다.

애견미용사도 좋았지만 가르치는 일이 적성에 맞는다는 생각이 들어서 26살에 충무로에 '김남진애견스쿨'을 오픈했다. 2년 정도 학원을 운영했을 때 건물주가 강아지 냄새 때문에 건물에서 썩는 냄새가 난다며 나가달라고 했다. 마른하늘에 날벼락 같은 소리였다. 애견스쿨 위층에 헬스장이 있었는데 헬스장을 이용하는 사람들로부터 민원이 들어간 모양이었다. 건물주가 나가라는 데 어떻게 하겠는가? 애견스쿨을 이전할 수밖에 없었다.

하는 수 없이 수소문 끝에 이사해 온 장소가 논현역에 있는 현재의 '킴스애견미용학원'이다. 2002년도부터 지금까지 20여 년 동안 이곳에서 학원을 운영하며 제자들을 배출해 왔다. 내가 애견 스쿨을 시작할 시기에 우리나라에 애견 붐이 일어났다. 1990년도 후반부터 2000년대 초반까지는 애견의 황금기라고 할 수 있을 만큼 호황이었다. 그때는 뭐든지 애견산업을 하면 잘 되었던 시기였고 어느 정도 운도 따라주었다. 나는 개인적인 애견미용보다 제자 육성에 더 관심을 갖고 힘을 쏟게 되었다.

학원을 운영하면서도 손을 가만히 둔 적이 없다. 혼자서 계속 연구를 했다. 특히 세팅하는 것을 터득하기 위해 몇 년 동안 노력을 했다. 애견미용에서는 강아지의 머리털을 올리는 것이 중요한 기술 중 하나인데 어떻게 하면 더 예쁘게 올릴 수 있을까 고민을 많이 했다. 사람의 머리를 세팅할 때 가발을 사용하는 것처럼 강아지들도 필요할 때는 가발을 사용한다. 가발을 사용할 때는 털에 맞게 가발의 길이를 조절해야 하는데 그런 부분까지 열심히 연구하며 노력했다.

이렇게 다양한 상황에 대해 연구하고 연습하다보면 늘 늦은

밤이 되었다. 지금도 일이 끝나면 곧바로 집에 가지 않고 미용에 관한 책을 보거나 강아지에 대해 연구한다. 그렇게 몰두하다 보면 밤 12시가 훌쩍 지나가 있다. 일하는 것이 습관이 되어 지금도 일하지 않고 노는 법을 모른다.

나는 애견미용을 하는 것이 좋고 행복하다. 오로지 이 길이었다. 하지만 애견미용사로서보다 교육자로서 갖는 보람이 더 큰 것 같다. 일본에서 돌아온 이후 계속 애견미용학원을 했기 때문에 상당히 많은 제자들이 나를 거쳐 갔다. 그들이 성장해서 업계에서 나름대로 자리를 잡거나 교육기관에서 일을 하거나 알아주는 유명미용사가 되었을 때 큰 보람을 느낀다. 처음에는 크게 주목받지 못했지만 뒤늦게 두각을 나타내고 SNS에서 최정상까지 올라가는 제자들도 있다. 자신들의 숍을 운영하거나 도그쇼 등에서 주목받기도 하고 학원을 오픈해서 원장이 되어 또 다른 제자들을 키워가는 제자들을 보면 엄청난 보람을 느낀다.
오래 미용학원을 운영하다 보니 이제는 제자들과 같이 늙어 간다. 좋아하는 것을 같이 연구하고 같이 토론하면서 우리는 스승과 제자 사이를 넘어 애견업계에서 함께 일해 가는 동업자이자 동역자의 마음을 갖는 것이다. 나는 애견미용사이기도 하지만 특별히 교육자로서의 마음이 크다. 나에게 배운 학생들이 사회에 나가

자기 직업을 갖고 자리를 잡아가는 것을 보는 것은 보람된 일이다.

지금은 시대가 바뀌어 예전과 같은 스승과 제자의 개념은 아니지만 그래도 교육자의 입장에서 학생들을 바라보았을 때 성장해가는 제자들을 보면 즐겁다. 공자가 군자의 세 가지 즐거움에 '영특한 제자를 가르치는 즐거움'을 넣은 이유를 알 것도 같다. 겪어보니 배우는 즐거움도 크지만 가르치는 즐거움은 더 크다.

내 일생의 자산이 된 가르침,
나의 스승님

애견미용사의 길을 걸어오면서 기억에 남고 고마운 분들이 많다. 처음 애견 훈련소에서 만났던 신귀철 회장님, 아무 조건 없이 훈련소에 머물며 미용을 배울 수 있게 해주신 임장춘 소장님, 미용을 가르쳐주신 김달근 선생님, 일본유학 시절 다녔던 도쿄도 컬리지학원의 우에노 원장님, 푸들견사에서 일하며 푸들미용을 가르쳐준 오오무라 선생 등 잊을 수 없는 분들이 많다. 특히 신귀철 회장님은 항상 고맙게 생각하고 있다. 처음에는 배우는 입장이라 실수할 때도 많았는데 늘 따뜻한 마음으로 실수를 나무라지 않고 넘겨주셨다.

제자를 가르치는 방식은 제각기 다르다. 모든 선생님이 나무라지 않고 넘겨주지는 않는다. 오오무라 선생님에게 배울 때였다. 하루는 나름대로 열심히 했는데 털 관리가 잘못되었다면서 클리퍼(애견이발기)를 가져오라고 했다. 도그쇼에 나갈 손님의 개였다. 털을 밀면 도그쇼에는 나갈 수 없게 된다. 클리퍼를 가지고 갔더니 갑자기 그 개의 털을 다 밀라는 것이었다.

그런 상황에서 내가 무엇을 할 수 있겠는가? 당황했지만 시키는 대로 털을 밀어버릴 수밖에 없었다. 그랬더니 견주에게 돈을 지불해주고 나는 한국으로 돌아가라고 했다. 내가 해놓은 것이 맘에 안 들었던 모양이었다. 털 관리를 조금 더 완벽하게 해야 하는데 뒤쪽의 털이 엉켜있다는 것이었다. 전람회에 나가는 개의 털 관리를 완벽하게 유지하지 못했으니 자기 밑에 있을 자격이 없다는 것이다.

이대로 돌아갈 수는 없었다. 그 자리에서 울면서 죄송하다고 다시 기회를 달라고 했다. 그랬더니 '힘든 것은 알지만 다시는 이렇게 털 관리 하지 말라'면서 이곳에서 남은 기간 동안 충분히 습득하고 가야한다고 엄하게 가르치셨다. 말 잘하는 사람은 많지만 몸에 배어 있는 기술자가 되기는 힘들다. 오오무라 선생님은 하도 엄격해서 '그분 밑에서는 사람들이 일주일을 못 버티고 나간다'는 소문이 일본에서도 자자했었다. 그분 밑에서 3개월을 넘긴 것이 내가 처음이었다.

한국에 돌아갈 날이 3개월 정도 남았었는데 남은 기간 동안 더 열심히 배우고 가라고 하셨다. 그 개는 일부러 전람회에 참가하지 못하게 했고 나를 제대로 가르치기 위해 따끔한 채찍질을 하신 것이었다. 정신이 번쩍 들었다. 대충 하는 것은 하지 않는 것만 못하다. 그때부터 나는 더욱 정신 차리고 매진해야겠다는 생각을 했다. 더 독기를 품고 정진했고 그때의 가르침은 내 인생의 자산이 되었다.

기술자는 기술자를
좋아하는 법이다

기술자는 기술자를 알아보고 기술자를 좋아하며 탁월한 기술을 가진 사람을 잊지 못하는 법이다. 많은 제자들이 곁을 스쳐 갔지만 더 마음에 남는 사람들은 역시 미용을 잘하는 제자들이다. 교수로, 학원원장으로, 심사위원으로, 제자들이 자신들의 숍을 운영하는 미용사로 자리를 잡아가고 어디서든지 기술로 인정받는 모습을 보면 더할 나위 없이 기쁘다.

그 중에서도 특별히 기억에 남는 제자들이 몇 명 있다. 울산에서 올라온 20대 초반의 학생이 있었는데 정말 열심히 했다. 서

울생활을 하다 보니 아르바이트하랴 학원 다니랴 많이 바쁘고 시간적 여유도 없었을 텐데, 부지런히 연습해서 협회 미용경연대회에 나가서 대상을 받았다. 자기가 좋아하는 푸들뿐 아니라 말티즈 등 여러 견종을 섭렵하며 전람회에도 나갔다.

지금은 이 학생이 지방에서 나름 이름있는 학원의 원장이 되어서 제자도 배출하고 도그쇼도 하고 있다. 그 학생은 뭐든지 용감했다. 미용을 하다가 안 되는 것이 있으면 자신의 마음에 찰 때까지 했고 무조건 도전했다. 그래서 나를 많이 괴롭혔던 학생이었다. 야간반이던 그 학생은 퇴근하는 나를 붙잡으며 이것 알려 달라, 저것 알려 달라 하면서 나를 놓아주지 않았다.

그때는 나도 지금보다는 젊었기에 체력이 되어서 늦게까지 남아 알려주었다. 가끔 도그쇼나 미용대회에서 그 학생을 만나는데 여전히 자신의 일에 대해 무척이나 즐거워하고 있다. 그 모습을 볼 때 얼마나 흐뭇한지 모른다. 도그쇼 등에서 심사위원도 하고 있다. 지금은 세월이 흘러 친구이자 같은 길을 가는 동료가 되었다. 지금도 학원운영에 있어서 어려운 점 있으면 조언해 주고 있는데 가장 믿음직한 제자이다.

내가 27살 때, 중학생 남자 아이가 엄마와 함께 애견미용을 배우겠다고 찾아왔다. 그 학생이 20대가 될 때까지 가르쳤다. 푸들

미용을 참 잘했다. 한번은 협회에서 미용사들 중에 국제대회에 나갈 한국대표를 뽑았는데 이 아이가 상을 받아 대표로 중국에서 열린 국제대회에 참석하게 되었다. 내가 그 대회를 따라갔었다. 그런데 이 제자는 안 좋은 조건의 개를 받게 되었다. 당시 중국에서 출전할 개를 빌려줬는대 어느 정도 수준이 되어야 나올 수 있는데 그 개는 털이 적었다. 이건 푸들기술에서 상당한 취약점이다.

내 제자는 가발을 넣어서 하는 기술을 알고 있었다. 그 기술은 내가 일본에서 배워와 몇 사람밖에 알려주지 않았는데 이 제자가 그 중 한명이었다. 푸들미용에서 어느 정도 단계에 올라간 사람만 가르쳐준 기술이었다.

불리한 조건 속에서 출전했기 때문에 털 상태가 완벽한 사람들보다 어려울 수밖에 없다. 그래도 2시간 안에 미용을 끝내야하는 대회에서 나름대로 빨리 밸런스를 잡으며 열심히 대회를 치렀다. 어떻게 될까 기대하는 마음으로 결과를 기다렸는데 아쉽게 2등에 머물고 말았다. 홈그라운드의 이점을 등에 업고 나온 중국의 미용사가 대회 1등을 차지했다.

하지만 내 눈에는 내 제자가 1등이었다. 악조건 속에서도 그 모양을 낼 수 있었던 것 자체가 놀라운 일이었다. 결과는 비록 아쉬웠지만 털이 없는 상태에서도 훌륭하게 해낸 제자가 너무도 대견스러웠고 기뻤다. 함께 참석한 사람들도 그 시간 안에 제자가 그 기술을 해낸 것에 대해 감탄했다. 대회가 모두 끝나고 나서 나는 제자에게 "오늘 대회에서 1등은 바로 너였다. 결과를 떠나 너는 너의 미용을 충분히 멋지게 해냈다. 누구보다 잘 소화해냈고 그 기술을 충분히 보여주었다. 진심으로 네가 자랑스럽다."고 말해 주었다.

그는 지금도 유명미용사로 잘 해나가고 있다. 살아있는 강아지를 대상으로 하루 종일 미용을 하고 있을 수는 없다. 가능한 한 짧은 시간 안에 끝내야 강아지도 행복하고 미용사도 견주도 행복하다. 그래서 대부분 애견미용은 시간을 정해놓고 예약을 받는다. 도그쇼도 마찬가지다. 주어진 시간 안에 깔끔하게 만드는 것이 기술자다. 내가 볼 때 짧은 시간 내에 숏커트를 하는 기술은 대한민국에서 이 제자가 제일 빠를 것이라고 생각된다.

가끔 어린 학생들이 꿈을 품고 부모와 함께 찾아오는 경우도 있다. 우리는 성인대상이지만 부모님 허락을 받고 동의서가 있으면 고등학생도 받아준다. 위탁교육도 하고 있다. 나는 어린 학생들을 만나면 다른 것보다 정말로 강아지를 사랑하는 것에 대해 알아가도록 하는데 신경 쓴다. 우리의 직업은 기술 이전에 강아지를 사랑하는 마음이 우러나야 할 수 있는 직업이기 때문이다. 말로만 하는 것은 우리 업계에서는 어울리지 않는다. 미용사는 강아지를 절대적으로 사랑해야만 하고 그것을 실천에 옮길 수 있어야만 할 수 있는 일이라는 것, 가장 기본적인 그 마음부터 가르쳐준다. 만져주고 빗질해주면서 서서히 그 사랑이라는 개념을 감각적으로, 현실적으로 느끼게 해주는 것이다. 그저 강아지를 좋아한다는 개념에서 머물러서는 안 되며 행동하는 사랑을 배워가는 것이다.

이런 학생들이 훗날 애견미용사를 꿈꿀 수 있고 이 길을 걷지 않더라도 동물에 대한 사랑의 본질을 알게 된다. 뿐만 아니라 이것을 통해 자신의 가족, 친구, 이웃을 향한 사랑과 정도 나눌 수 있는 발판을 마련해 주는 것이다.

애견미용학원을 하면서
가장 힘들었던 순간

평범한 애견미용사였던 나는 일본을 다녀온 후 학원 운영을 시작했다. 가장 힘들었던 시기는 운영난으로 어려움을 겪고 있었던 때였다. 2005년부터 2010년 초반까지 애견 붐이 전반적으로 가라앉았다. 애견 붐이 가라앉으면서 애견미용을 배우려는 사람들도 많이 줄었고 당연히 미용학원 운영에 타격을 입었다. 애견미용사의 활동은 애견 붐이 일어나느냐 죽느냐에 영향을 받기 때문에 그 시기에는 여러모로 매우 힘들었다. 하루 이틀도 아니고 수년 동안을 버텨내는 것이 어려웠다.

강아지를 좋아하고 강아지를 키우던 사람은 애견 붐 여부에 상관없이 계속 키우기 때문에 동물병원이나 애견숍은 애견미용학원처럼 큰 타격을 입지는 않았다. 나는 애견숍을 운영하거나 동물병원 미용사가 아니라 학원을 직접 운영하며 학생들을 가르치는 교육자였기 때문에 수강생이 감소해서 힘들었던 것이다.

그러나 나는 무엇보나 제자들을 배출하는 것에 의미를 두고 오래도록 그 삶을 걸어왔다. 자신의 자리를 지키고 견디다 보면 이 일을 사랑하고 재미를 느끼다보면 좋은 때는 또 오기 마련이다. 여름날 왕성했던 초목이 가을에 낙엽 지고 겨울에 죽어가는 것처럼 보여도 봄이 되면 다시 싹을 틔우는 것과 같다. 유행이 돌고 도는 것처럼 꾸준히 자리를 지키다 보면 다시 불 붙는 시기가 온다. 지금 다시 애견 붐이 일어난 것처럼 말이다.

교육자로서 힘들었던 것은 제자들이 하던 일을 그만뒀을 때다. 나의 모든 것을 쏟아 가르쳤고 공을 많이 들였는데, 애견미용을 그만두고 다른 길을 갔을 때는 정말 서운하고 마음이 아팠다. 가르치다 보면 실력이 탁월한 학생들이 있다. 눈썰미도 좋고 미용사로 성공할 것 같은 학생들은 눈에 보인다. 그러면 선생으로서 욕심도 나고 이 계통에서 실력 있는 미용사로 잘 해나가길 바라는 마음으로 나름대로 온갖 정성을 쏟게 된다. 그런 제자들을 보면 내 실력 정도까지 오겠지 하는 기대감, 아니 나를 뛰어넘기를 바라는 욕심이 나도 모르게 생긴다.

　그런데 가끔 그런 제자들이 다른 길로 갈 때가 있다. 실력이 아까워서 힘들더라도 좋은 애견미용사가 되었으면 싶은데 현실적인 어려움을 극복하지 못하는 것이다. 초급 미용사로 일할 때는 보수가 적다. 애견미용사라는 직업이 어느 정도의 위치에 올라가면 월급도 많고 수입도 많은데 그 전까지는 경제적으로 어려울 수 있다. 당장 배가 고프니 다른 길로 가거나 월급을 많이 받았던 예전의 직장으로 돌아가는 경우가 생긴다. 이럴 때면 인간인지라 많이 아쉽고 섭섭하다. 이해도 되지만 가슴이 아프고 무척 아쉬움이 남는다.

　어떤 사람들은 이런 일을 한번 겪으면 기대를 접고 사람에게 정을 주지 않기도 한다. 그런데 나는 '상처받지 않을 만큼 적당히'가 안 된다. 학생들을 가르치다 보면 또 다시 온갖 애정과 열정을 쏟게 된다. 대신 스스로 예방접종을 하려고 노력은 한다. 지금 세대들의 삶과 생각들을 이해하고자 노력하는 것이다.

CHAPTER

3

애견종합예술 도그쇼

푸들 미용,
하나하나 습득해 가는 재미

    흔히 푸들은 애견미용의 꽃이라고 부른다. 푸들미용을 할 줄 알면 다른 견종은 한두 번만 수업을 받으면 할 수 있다. 그러나 푸들미용은 한두 번 수업을 받아서 할 수 있는 기술이 아니다. 그만큼 푸들미용이 어렵다. 다른 견종에 대한 노력보다 더 많이 노력해야만 푸들 스타일 미용을 할 수 있다. 물론 다른 견종의 미용도 전문적으로 갈수록 힘들고 어렵겠지만 비슷한 조건으로 따지자면 푸들이 그만큼 어렵다는 것이다.

    그러나 내 것으로 만들고 하나하나 습득해가는 재미가 바로 미용이다. 푸들은 그런 매력을 선사한다. 그래서 푸들은 미용사의 개라고 해도 과언이 아니다. 어느 나라든 간에 푸들미용을 하는 사람은 대부분 미용을 잘하는 유명미용사로 알려져 있곤 한다.

내가 미용을 처음 배울 당시 우리나라에는 세팅기술이라는 것이 없었다. 커트를 하더라도 밸런스까지 좋게 만드는 법을 몰랐다. 펫미용은 어느 부분은 밀어주고 어느 부문은 남기면서 모양을 만들어준다. 그런데 도그쇼 미용은 절대적으로 균형미를 잃어서는 안 된다. 견종마다의 신체적 구조를 생각하여 미용을 해줘야 한다. 견체를 알고 해야 한다. 강아지의 체형을 모르는 상태에서는 해석하기 힘들다. 비슷하게 한 것 같지만 체형에 어울리는 것은 누가 봐도 알 수 있다. 전문미용이라는 것은 초보가 보든, 전문가가 보든 다 이해되어야 하며 누가 봐도 다 예뻐야 한다. 그것이 올바른 미용이다.

강아지도 비율이라는 것이 있다. 그런데 어떤 강아지가 잘생긴 건지 못생긴 건지는 공부를 통해 아는 것이다. 미용사는 그 자체에 옷을 입혀주는 역할이다. 견종에 맞게 어떻게 해줘야 더 예쁜지, 밸런스가 맞는지는 교육을 통해 알게 되는 것이다.

그것이 애견미용사라면 끊임없이 미용대회나 도그쇼에 나가서 눈을 키워 놓아야 하는 이유다. 아무리 동글동글하게 예쁘게 잘했어도 균형미가 없으면 안 된다. 균형미가 무너진 것은 전문가가 볼 때 예쁜 미용이 아니다. 완벽한 균형미 속에서 흐름이 더 멋스럽고 자연스럽고 예쁠수록 더 프로가 되어가는 것이다. 또한 그 것을 볼 수 있는 것이 전문가이다.

일본까지 가서 많은 것을 배우고 한국에 와서 더 연구하고 노력하면서 나는 우리나라 푸들 미용에 대한 이해와 기초를 한 단계 올려놓았다고 자부한다. 푸들미용 형태에 대한 흐름을 공부했고 숏커트를 하는데 있어서 여러 가지 방식을 선보였다. 그래서 푸들미용을 어느 정도 반열에 올려놓았다고 생각하며 전문성을 가진 제자들을 많이 배출해서 이 분야에 이바지했다고 생각한다. 한국에 푸들미용이 발전되지 않았을 당시, 나와 제자들이 도그쇼에 많이 출전했고 활동했다.

앞으로는 달라지겠지만 지금까지 내가 했던 미용스타일 중에 가장 만족스러웠던 것은 도그쇼 미용 중에서 잉글리쉬 새들 클립이다. 푸들 미용 중에서도 상당히 어려운 미용에 속한다. 3~4년 전에 푸들관련 책을 만들면서 잉글리쉬 새들 클립 미용을 해보았는데 만족스러웠다. 거의 끝까지 왔다는 생각과 함께 보람을 느꼈다. 가장 어려운 미용을 정복했다는 느낌이었다.

도그쇼는 개를 통해서
내가 배워나가는 과정이다

도그쇼는 아름다운 개를 뽑는 대회가 아니라 각 견종의 특성을 잘 갖춘 개를 선발하는 대회다. 견종표준에 기술되어 있는 특성을 갖추고 있어야 하며 견종의 골격 크기, 균형, 털의 상태, 걸음걸이, 성격까지 모두 포함된다. 도그쇼의 목적 자체가 우수한 특성을 가진 개의 종족 보존과 혈통 유지이기 때문에, 중성화수술을 하지 않아야 도그쇼에 참가할 수 있다.

도그쇼에 나가려면 좋은 핸들러가 매너교육이나 트레이닝을 잘 준비하는 것도 중요하지만 강아지의 체형과 생김새를 잘 알고 그에 맞는 미용도 기본기부터 정확히 알고 있어야 한다. 도그쇼는 기본적으로 순종견 품평회이다. 애완견의 외모, 자세, 체력, 품성만을 겨루는 것이 아니라 얼마나 기본적인 순종에 가까운가를 따진다. 그래서 도그쇼는 스탠다드를 중요시한다. 그런데 스타일을 변형시키는 것보다 스탠다드에 가까운 미용을 하는 것이 더 어렵다. 한마디로 애견 종합예술이다.

우리나라에서도 2000년도 무렵에는 도그쇼가 상당히 성행했다. 기술력은 조금 부족했지만 종합운동장에서 도그쇼를 열 정도로 규모가 상당히 컸다. 코로나 시대에 접어들면서 잠시 도그쇼가 숨고르기에 들어갔지만 도그쇼는 여전히 인기가 있다. 코로나가 끝나면 다시 도그쇼는 자리를 잡게 될 것으로 보인다. 애견미용을 하는 사람이라면 기회가 되는 한 도그쇼 같은 대회에 최대한 많이 나가보는 것이 좋다. 좋은 미용사는 좋은 눈을 가지고 있어야 하고 좋은 눈은 자꾸 보아야 생기기 때문이다. 도그쇼는 스탠다드 미용을 하는 곳인 만큼 보는 눈을 키워갈 수 있는 좋은 기회다.

도그쇼에 나가려면 개도 좋아야 하고 미용사도 좋아야 하며 핸들링도 좋아야 한다. 이런 부분들이 삼위일체가 되어야 한다. 도그쇼는 핸들링부터 미용까지 개를 통해 심사위원에게 심사를 받는다. 공부하고 노력한 것은 개를 통해 구현되고 부족한 것은 더 채워나간다. 개를 통해 내가 깨닫고 배우고 개를 통해 변화되어가며 한발 한발 미용사가 되어가는 것이다. 그래서 도그쇼는 내가 개를 훈련시킨다기보다는 개를 통해서 내가 배워나가는 과정이다.

나는 국내외 도그쇼에서 30여 회 이상 수상을 했다. 지금은 제자들을 키우면서 제자들이 쇼에 나가는 것을 도와주고 있다. 요즘은 도그쇼도 더욱 전문적으로 나누어져서 핸들링 쪽에 관심을 두는지 애견미용에 더 관심을 두는지 구분할 수 있다. 지금은 도그쇼는 도그쇼대로, 미용경연은 미용경연대회로 한다. 미용에서도 펫미용과 도그쇼 미용은 분리가 되어있다. 나는 학원에서는 펫미용 쪽에 무게를 두고 현장에서 직업으로 일할 수 있게 가르치고 있다.

손이 빠른 한국인,
세계가 한국의 미용기술을 인정하다

　나는 중국, 말레이시아, 싱가포르, 일본, 대만 등 여러 곳에 강연을 다니고 있다. 우리나라의 선진 애견미용 기술을 전해주는데, 반응도 무척 좋은 편이다.

　우리나라 사람들은 손이 좀 빠를 뿐만 아니라 미용을 디테일하고 꼼꼼하게 한다. 그런 부분에서 해외반응이 뜨거웠고 우리나라 미용사들에 대한 이미지가 좋다.

　해외에서 강연을 할 때면 무엇보다 이해하기 쉽게 전달하려고 노력한다. 물론 답은 없다. 만들어가는 순서, 방법 등에 대해서 나름대로의 노하우를 체계적으로 보여주는 것이다. 이렇게 해외

세미나를 한 번씩 할 때마다 한국미용기술과 미용사들에 대한 위상을 높이는 기회가 되었다.

외국은 한국보다 애견미용이 시작된 지 꽤 오래되었다. 애견미용은 유럽에서 처음 시작해 미국에서 크게 성장했다. 미국은 펫미용보다 도그쇼 미용을 발전시킨 나라다. 이 도그쇼 미용을 일본이 배워 발전시켰고 아시아권에서는 일본이 선진국 미용을 제일 먼저 접하고 발전시켰다. 도그쇼 미용은 스탠다드 미용이다. 일본이 정립해 놓았고 대만도 그 흐름을 이어갔다. 그래서 나도 도그쇼 미용을 배우기 위해 선진미용을 하는 일본으로 간 것이다.

미국은 화려함을 강조하는 애견미용을 개발했다. 견종이 돋보이게 하는 미용을 이끌었고 지금은 세계 각국에서 미국식 화려한 애견 미용을 하고 있다.

펫미용은 시대의 흐름에 따라서 변화가 많고 스타일이 자주 바뀌는 편인데 반해 도그쇼 미용은 큰 변화가 없고 정석을 따르는 미용이다. 무엇이든 정석이 어렵다. 애견미용 역시 정석 미용이 어렵다. 잘못하면 금방 표시가 난다. 그 기본적인 틀에서 벗어나지 않으면서 자기 스타일을 개발해야 하기 때문에 도그쇼가 힘들다. 이것은 공부를 해야만 알 수 있다.

20여 년 전, 세계 최대 애완견 품평회 중 하나인 영국 크러프츠 도그쇼를 보러 방문한 적이 있었다. 수천 마리의 개가 출전해서 3~4일 동안 쇼를 하며 다양한 견종들을 볼 수 있는 도그쇼 축제다. 지구상에서 가장 권위 있는 애견 이벤트로, 이 도그쇼는 전 세계에 등록된 모든 견종이 참가할 수 있다.

크러프츠 도그쇼에서 많은 것을 보고 배웠지만 정작 내 기억에 강렬하게 박혀있는 것은 지하철에서 목격한 장면이었다. 지하철을 탔는데 시각장애인 안내견이 함께 탔다. 그때 당시 우리나라는 개를 데리고 지하철을 탈 수 없었던 시절이라 나는 그 모습이 참 신기했다. 그런데 안내견이 타자 사람들이 자리를 비켜주었다. 그래야 안내견이 자기가 해야 할 역할을 할 수 있기 때문이다. 그만큼 그 나라에서는 이미 문화 자체에서 안내견이나 반려견들의 특징을 알고 몸에 배어있는 듯했다. 기초가 잘 쌓여져있다는 증거였다. 일본만 해도 내가 배우러 갔을 당시 도그쇼 핸들러나 브리더들이 좋은 개를 만들기 위해 노력하는 부분이 남달랐다.

최근에는 우리나라 애견미용과 도그쇼도 많이 발전했다. 하지만 아직까지도 강아지에 대한 인식이나 이해도, 기본체계 부분에서 조금 더 인식수준이 높아져야 한다는 생각이 든다. 강아지를 좋아하는 사람들이 많아지면서 반려동물 붐은 일어났지만 사람들의 애견에 대한 인식수준이 아직도 낮다. 한국의 펫미용 수준은 이제 세계적 수준이 되었다. 그만큼 애견인들이나 일반인들이 가지고 있어야할 인식의 수준도 따라와야 한다고 본다.

과거에는 개고기를 먹는 나라라는 오명으로 브리더들이 한국에는 개를 잘 안주던 시절도 있었다. 그러나 지금은 세계가 한국의 기술 수준에 대해서 인정해주고 있다. 손님에 대한 서비스와 화려한 펫미용은 한국이 상당히 높이 평가받고 있고 경쟁력 또한 충분하다. 비록 늦게 시작했으나 노력하면 우리나라가 도그쇼나 애견미용 분야에서 얼마든지 앞서갈 수 있다. 애견미용에 많은 사람들이 관심을 가지고 될 성 부른 떡잎들이 많이 입문해서 커다란 나무로 우뚝 섰으면 하는 마음이다.

CHAPTER

4

애견미용사에게
필요한 것

노력한다는 것은
미용사로서 갖추어야 할 자세다

애견미용사처럼 고객을 상대하는 직업을 가진 사람들이 힘든 점 중의 하나는, 자신이 한 결과물이 고객의 마음에 들어야 한다는 것이다. 나는 최선을 다해서 미용을 했는데 손님이 마음에 안 들어 할 수 있다. 그럴 때마다 자신의 기술을 탓하면 실수가 생긴다.

해결하는 방법은 계속 노력하는 것밖에 없다. 노력한다는 것은 미용사로서 갖추어야할 자세다. 노력으로 극복해야할 것을 '나는 왜 이럴까' 자꾸 자책하게 되면 이 길에 대한 회의감만 갖게 될 뿐이다. 사회에서 남들과의 경쟁은 피할 수 없다. 슬럼프는 그 경쟁에서 자신이 떨어진다고 느낄 때 많이 찾아온다. 바쁘고 남들이 인정해주고 돈도 많이 벌 때는 슬럼프가 오지 않는다. 슬럼프는 내가 부족하다고 느낄 때 주로 찾아온다.

고객을 만족시키지 못 했을 경우 자신의 실력이 부족하다고 느낄 수도 있을 것이다. 하지만 실력 자체가 부족하기보다는 남들이 한 것을 본인은 아직 안해서인 경우가 많다. 시대가 원하는 방향으로 가지 않았기에 소외감이 들거나 감이 떨어지는 부분이 생기는 것이다.

그런 부분을 극복하려면 대중들의 생각을 빨리 읽고 잘하는 미용사를 모방해 보는 것이 좋다. 그리고 그 사람의 주위환경을 한 번 보기를 바란다. 잘 나가는 사람은 남다른 무언가가 있다. 남들보다 더 나은 생각과 더 나은 행동으로 고객관리를 한다. 시대가 원하는 스타일이라든가 어떤 관리법으로 고객을 대하는지를 보고, 그것을 벤치마킹 하자. 시대가 요구하는 것은 빠르게 바뀌고 그 변화를 무시한다면 우리는 고객들로부터 외면을 당하기 쉽다.

타산지석이라고 했다. 다른 사람에게서 배울 점을 찾아내서 배우면서 자신을 극복해내는 것이 필요하다. 안주하고 있으면 뒤떨어질 수밖에 없다. 유명한 미용사도 자기계발을 위해 노력하고 끊임없이 배운다. 나 역시 외국의 미용이라든가 현장에서 후배들이 어떻게 미용을 하는가를 계속 지켜보면서 거기에 맞게 트랜드를 따라가려고 노력하는 편이다. 치고 올라가라고는 하지 않겠다. 제자 리에 있지 않고 함께 발맞추어 가는 것만으로도 훌륭한 것이다. 슬 럼프 해결방법은 스스로 노력하고 공부하는 것밖에는 방법이 없다.

내가 가르친 제자가 푸들 펫미용에서 더 나은 기술을 선보인 적이 있었다. 어느 정도 성장하기 시작하면 스스로 새로운 기술을 선보이기도 한다. 청출어람이라고 하지 않는가. 선생보다 나은 면이 보였다. 선생으로서 물어보는 것이 민망하기도 했지만 저런 것을 어떻게 했을까 궁금해 제자에게 물어보았더니 자기가 한 방 식을 가르쳐주었다. 놀라웠다. 나는 그 제자를 칭찬하고 인정해 주었다. 비록 내가 선생이지만 요즘 트렌드에 대해서 나도 제자에 게 배울 것은 배우는 것이다.

제자의 방식을 존중해 주고 인정해 주는 것이 중요하다. 그 래야 시대에 뒤떨어지지 않는 지도자가 되고 미용사가 되는 것이 다. 남들은 선생이 이런 자세를 갖는다는 것이 놀랍다고 말하지만 나는 오히려 성장을 위해서는 배움의 자세를 가져야 한다고 생각 한다. 물론 내가 해온 30여 년의 시간 속에 쌓아온 노련미와 노하 우를 제자들이 금방 따라오기는 어렵지만 교수나 학원장이나 전 람회의 심사위원 자리에 있다고 해도 모르는 것은 알아가야 하고 상생해 나가야하는 것이다.

눈썰미가 있어야
좋은 기술자가 된다

미술이건 음악이건 스포츠건, 어느 분야에서든 열심히 노력하면 어느 정도 수준까지는 도달할 수 있다. 하지만 탁월하게 잘하기 위해서는 타고난 자질이 필요한 법이다. 애견미용도 마찬가지다. 남들보다 잘하기 위해서는 어느 정도 손재주가 필요하다.

하지만 아무리 손재주가 있어도 이 일을 잘 하기 위해서는 계속 배우고 습득하는 것이 더 필요하다.

미용사는 보는 눈이 있어야 한다. 색다르고 특이한 스타일이나 뛰어난 미용기술을 보면 관심을 가지고 '왜 저렇게 했을까?'을 찾아보고 물어보고 직접 해봐야 한다. 해보고 안 되면 질문하면서 끈기 있게 살펴보고 배우고 익혀야 한다. 기술자가 갖추어야할 것은 머리나 손재주뿐만 아니라 볼 줄 아는 눈과 관찰력이다. 눈썰미가 있어야 좋은 기술자가 된다.

같은 쌀과 물을 가지고 밥을 지어도 어떤 사람은 아주 맛있는 밥을, 어떤 사람은 평범한 밥을, 어떤 사람은 맛없는 밥을 짓는다. 같은 재료를 가지고 김치찌개나 된장찌개를 끓여도 누가 요리하는가에 따라 맛이 다른 법이다. 나는 이것이 바로 재능이라고 생각한다. 얼마나 관심을 가지고 이해하며 자기 몸에 습득하고 있는가가 바로 재능이며 그것이 전문가의 길이다.

애견미용사로 살면서
갖게 되는 직업병

애견미용사로 30년 가까이 살다 보니 내 의도와 다르게 몇 가지 직업병이 생겼다.

뭐든지 깨끗하게 만들어야 한다는 강박이 생겼고 지저분한 강아지를 보면 미용을 하고 싶어진다. 지나가는 강아지만 봐도 '저 미용은 잘못되었는데, 이렇게 해줘야 하는데'하는 생각이 자꾸만 든다. 수정해 주고 싶은 것만 눈에 보인다. 남들은 그냥 예쁜 강아지로만 보는데 내 눈에는 그런 것들이 보이니까 괜히 마음만 시끄러워진다. 뭐라 할 수도 없다. 견주가 기뻐할 리가 없기 때문이다. 그저 내 속만 시끄러운, 불필요한 직업병이다.

그리고 결벽증이 생겼다. 털이 떨어지면 바로바로 치워야 한다. 특히 기계에 대해 예민함이 생겼다. 가위질을 하고 클리퍼를 해야 하는데 기구가 말을 안들을 때는 예민해진다. 그래서 조금이라도 잘 안 드는 기계는 곧바로 수리해야 마음이 편하다.

몸에도 직업병이 나타났다. 어깨와 허리가 결리고 아프다. 작업대에 강아지를 올려놓고 짧게는 한 시간부터 길게는 두세 시간까지 긴장한 자세와 상태로 일을 하다 보면 스트레칭이나 몸에 좋은 자세를 취할 여유가 없다. 오랜 세월 서서 미용하고 가르치다 보니 요즘은 어깨가 결리고 허리가 아프다. 그래서 나름대로 통증을 줄이기 위한 방법이라는 것이 더 좋지 않은 자세다. 항상 정자세로 서 있지 않고 살짝 삐딱하게 짝 다리를 짚게 된다. 그런 자세가 미용을 하는데 훨씬 더 편하기 때문에 짝 다리가 습관이 되어 있다.

나는 그렇게 하지 못했지만, 진심으로 후배들에게 권하고 싶은 것은 스트레칭과 운동이다. 하루 두세 시간씩 운동할 시간은 어차피 없을 터, 강아지 한 마리 미용을 끝낼 때마다 1분 스트레칭이라도 하자. 오전 오후 식사 때 3분 스트레칭 하고 퇴근 후에는 잠깐의 산책이라도 하자는 것이다. 통증만 없어도 우리의 행복지수가 꽤 올라갈 것이다.

완성된 스타일이 다양해지더라도 절대 변하지 않아야 할 것

내가 애견미용을 배울 때는 누가 애견미용을 잘한다고 소문이 나면 무조건 직접 가서 배워야 했다. 내 몸이 하나라는 것이 아쉬울 정도였다. 유명한 사람이 있으면 찾아가서 배우고, 모르는 것은 전화로도 물어보며 지식을 얻었다. 적어도 이 분야에서만큼은 전문가가 되고 싶었기 때문이다. 전문가가 된다는 것은 끝이 없는 길을 걷는 것과 같다. 계속해서 도전해 나가는 것이 전문가다. 사실 끝이 보인다면 시간이 지나면서 퇴보될 수밖에 없다. 고인 물은 썩는다. 계속 발전해야 한다.

나는 과거로 돌아간다면 펫미용의 여러 스타일별로 커트를 개발해보고 싶다. 다시 시작할 수 있다면 그 연구에만 몰두해보고 싶다. 그러면 펫미용에 있어서도 지금보다 더 다양한 스타일이 등장하지 않았을까? 적어도 스타일에 관한 한, 오랫동안 변하지 않으면 매력이 없다. 자꾸 새로운 멋과 맛을 사람들에게 선보여야 한다. 예를 들어 과거에는 푸들 미용은 무조건 동그랗게만 했는데 지금은 조금 더 다양해졌다. 만일 이 모양을 다른 스타일로 하면 어떨까? 스타일 욕심은 끝이 없다. 이런 연구를 더 해보고 싶다.

요즘은 SNS에 애견미용을 해서 올린 영상이나 콘텐츠가 많이 있다. 미용업계에서 오랫동안 일을 해왔기 때문에, 완성된 모양을 보면 어떻게 그 미용을 했는지가 눈에 보인다. 다양한 콘텐츠를 보면 독창적이고 창의적인 스타일도 있어서 많이 찾아보고 아이디어 개발에 참조한다. 지금은 혼자 아이디어를 개발하는 시기가 아니고 서로 정보를 보면서 '이 사람은 이런 식으로 했구나' 하고 서로 배우는 시대다.

시대가 변하면서 미용스타일도 계속 변하고 있다. 과거에 비해 워낙 다양해졌고 예전에 인기 있던 스타일이 다시 돌아오기도 한다. 사람들의 패션이 자꾸 다양해지고 유행을 타는 것과 다르지 않다. 가르칠 때도 마찬가지다. 미용학원도 기본기를 바탕으로 현장미용에 맞는 인기 있는 미용을 가르쳐줘야 한다. 가르치기 위해서는 먼저 내가 다 익혀야 한다.

하지만 완성된 스타일이 다양해지더라도 절대 변하지 않아야 할 것이 있다. 가위질은 정확히 해야 한다는 것, 라인은 깨끗해야 한다는 것이 바로 그것이다. 가장 기본적인 것은 지켜야 한다. 그 기본기 위에 소비자가 원하는 시대의 흐름과 유행에 맞게 변화를 주어야 하는 것이다.

애견미용사에게 필요한
기본 자질들

애견미용사가 되기 위해서 가장 필요한 자질은 사랑이다. 강아지에 대한 사랑, 애견미용이라는 직업에 대한 사랑 말이다. 사랑을 하는 것 뿐만 아니라 사랑을 행동으로 옮겨야 한다. 예를 들어 미용실 뿐만 아니라 자신의 집에서도 반려동물이 있다면 목욕과 산책을 시키고 이런 것을 즐거워하는 사람이어야 한다. 쓰다듬어주고 빗질해주고 지저분한 오물을 치워주는 등 강아지에 대한 헌신적인 마음이 있는 사람은 준비된 미용사라고 할 수 있다.

미용을 하는 기본적인 이유는 청결이다. 덧붙여서 청결하면서도 예쁘게 보이게 해주면 강아지가 더 사랑받고 관심을 많이 받을 수 있다. 과거에는 사람과 같이 생활하는 강아지가 청결해야 사람의 위생도 좋아진다는 게 첫 번째 이유였지만, 지금은 미용을 통해 예쁘게 되면 더 사랑받는 강아지가 된다는 것도 애견미용을 시키는 큰 이유 중 하나다.

또한 강아지의 기초를 알아야 한다. 빗질하거나 목욕시키는 것 등 털 관리를 자기 몸에 숙달되도록 하는 것부터 시작해야 한다. 보통 학원에 오면 1년 과정으로 기본적인 모든 것을 가르친다.

애견미용사가 미용을 잘하는 것도 필요하지만 고객 스스로가 자신의 반려견을 잘 관리해주는 것에 대한 인식도 중요하다. 그래서 미용사가 고객들에게 털 관리나 강아지 관리를 집에서 어느 정도 할 수 있는 방법을 알려주는 일도 중요하다. 집에서 빗질도 해주고 귀청소도 해주면 차후 강아지가 미용실에 왔을 때 안정감을 가질 것이고 말을 잘 들어서 미용하기가 편하다. 따라서 고객에게도 강아지 미용에 대한 기초적인 것은 알려줄 필요가 있다고 생각한다.

가장 중요한 것은 강아지에 대해 관심을 갖는 것이다. 이왕 관심을 가질 거면 내가 취미로 할 것인지 아니면 직업으로 할 것인지를 분명히 정해놓고 시작해야 한다. 어디까지가 목표인가에 따라 배우는 방식부터 달라진다. 자기가 정한 목표에 따라서 배우는 것도 달라진다.

전문적으로 가려면 미용사가 되기 위한 전문과정과 체계를 밟아야한다. 또한 강아지 미용뿐 아니라 평상시에 강아지에 대한 기초지식, 견종에 대한 지식, 털에 대한 기초지식 등을 알아두고 익혀두는 것이 필요하다. 학원에서 배우는 것도 중요하지만 대회에 나가서 상을 못 받더라도 전문가들 속에서 부딪히고 시각을 넓히는 것도 중요하다. 애견 전람회나 도그쇼에서는 견종에 맞는 스탠더드 한 미용을 볼 수 있으니 좋은 기회가 될 것이다.

애견미용을 배우기 시작할 때는 펫미용을 앞으로 어떤 스타일로 갈까를 미리 정해놓고 시작하면 좋다. 어떤 미용, 어떤 견종을 하겠다는 것이 결정되면 보다 효율적으로 목표를 달성할 수 있다. 한국사회는 한마디로 개를 좋아하는 시대가 되었다. 이제는 단순히 개라고 생각하는 것이 아니라 한 집안의 가족이 되었다. 그렇기 때문에 애견미용사가 개를 미용하기보다는 가족의 일원을 미용해 주는 개념으로 바뀌었다. 앞으로 애견인구는 계속 많아질 것이고 그와 더불어 애견미용사는 더욱 필요해질 것이다. 이 직업은 계속 발전할 수밖에 없다. 전 국민의 1/4이 키우게 되었으니 애견미용 산업도 더욱 확장될 것이다.

한국 사람의 손재주는 남다르다. 애견미용에 있어서도 마찬가지다. 따라서 장래의 애견미용 산업은 전 세계적으로 한국이 주도해 나갈 것이라고 생각한다. 우리나라 애견미용사들이 세계에 진출할 기회도 많아질 것이다. 강아지를 정말로 좋아하는 사람, 애견미용을 직업으로 삼으면 끝까지 매진할 수 있는 사람이라면 지금 시작해도 늦지 않다. 나이가 몇이든 상관이 없다. 한 분야의 전문가가 될 수 있는 좋은 기회이다.

CHAPTER

5

애견미용사로 성공하려면?
선배의 조언

슬럼프,
이렇게 극복해라

애견미용사로 일하다 보면 여러 번 어려운 문제와 마주치거나 슬럼프에 빠지게 된다. 슬럼프에 빠지게 되면 많은 사람들이 나에게만 일어나는 일로 생각하고 우울감에 빠져들기 쉽다. 심지어 어떤 사람은 슬럼프에 빠지면 애견미용사라는 직업이 자신에게 맞지 않다고 생각하고 그만두기도 한다. 하지만 명심하자. 슬럼프는 누구에게나 찾아올 수 있는 것이며 애견미용을 배우다보면 일종의 통과의례처럼 겪고 지나가는 일이다.

첫 번째 슬럼프는 애견미용학원에 처음 등록하고 한 달쯤 되었을 때 찾아온다. 강아지도 귀엽고 애견미용도 재미있을 것 같아서 시작해보니 가위질은 마음처럼 잘 안 되고 개도 말을 안 듣는다. 그러다보면 자신의 길이 아니라고 생각하게 된다.

하지만 미용사라면 누구나 겪는 일이다. 미용사가 하고 싶은 대로 하라며 얌전히 자신의 몸을 맡기는 강아지는 한 마리도 없다. 세수나 목욕을 시키려고 물을 묻히거나 가위질을 하는 순간, 강아지도 싫지만 잠깐 참고 있는 중이다. 미용사가 쓰다듬어 주니까 자기를 좋아하는 것으로 생각하면서 싫어도 잠시 가만히 있어주는 것이다. 그래서 이 작업을 할 때는 강아지와의 교감이 중요하다.

4~6개월쯤 되면 또 한 번의 슬럼프가 온다. 강아지와도 익숙해지고 학원에서 공부도 익숙해졌는데 미용 실력이 늘지 않는 것 같아서다. '왜 나만 실력이 늘지 않을까?' 하고 심각하게 고민이 되는 시기가 이때다. 드라이를 해도 털이 제대로 펴지지 않고 커트를 해도 모양이 제대로 나오지 않는 것 같다. 또한 그 기간에 가장 기본적 시험인 3급 시험을 보는데 이때 대부분 힘들어한다.

하지만 처음 들어왔을 때, 아무것도 모를 때의 자신의 실력을 되돌아보라. 그때보다는 분명 나아졌다. 자기가 미용한 강아지 사진을 찍어보라. 매일 강아지 만진 것을 사진 찍다보면 나아지는 척도를 객관적으로 알 수 있게 된다. 그러면 자신이 생각한 것에 비해 나아졌음을 깨닫게 된다. SNS에 올려보면서 자기만족감도 가져보고 다른 사람들의 평가와 격려도 들어가면서 애견미용사로 성장해가는 것이다.

기억할 것은 처음에는 누구나 다 초보라는 것이다. 누가 좀 더 관심을 갖고 여기에 시간을 투자하느냐에 따라 바뀐다. 물론 타고난 사람도 있지만 타고난 미용사는 사실 드물다. 노력하고 노력하면서 지금의 미용사가 된 것이다. 미용이라는 것은 해도 해도 끝이 없다. 더 알아가고 또 알아가야 하는 길이다.

1년쯤 되었을 때 슬럼프가 또 온다. 그때는 취업준비에 대한 걱정 때문이다. 1년간 내가 어느 정도나 성장했는지에 대해 회의감이 올 수도 있다. 그럴 때도 5~6개월 때의 자신을 돌아보면 된다. 한 걸음이라도 더 자신이 과거보다 나아진 것에 대한 척도를 보면서 스스로 일어나야 한다. 같은 기수 중에서 자신보다 잘 하는 사람만 보고 자신을 비교해서는 안 된다. 남이 아니라 자신이 걸어온 시간에 대해서 좋은 생각을 가져야만 한다.

어느 정도 배우고 나면 응용미용을 해야 한다. 교재에 있는 것이 아니라 실제 현장에서 해야 하는 것들을 배우는 것이다. 학원이나 교육기관에서 가르쳐준 것 이외에 다른 미용사들이 어떻게 했는지 선생들에게 물어보기도 하고, 다른 자료들을 보고 만들어보기도 하면서 점점 흥미를 가져야 한다.

현장에서 전문 실장이 되기 위해서는 현장 견습 생활을 1년 정도는 해야 한다. 이런 저런 경험을 통해 알아가는 과정이 필요한 것이다. 중요한 것은 욕심이다. 돈이 아니라 실력에 대한 욕심, 이루고자 하는 목표에 대한 욕심이다. 정확한 목표가 있어야 한다. 목표는 너무 크고 멀리 잡지 말고 조금만 노력하면 성취할 수 있는 것으로 정해라. 짧은 기간 동안 하나하나 단계를 성취하고 습득하다 보면 자신도 모르게 실력 있는 애견미용사가 되어있을 것이다.

성공에는 뭔가 특별한 것이 있다고 생각하겠지만 오히려 가장 기본적인 것들을 지켜가면서 해나가야 그것이 성공이 되는 것이다. 특별한 것은 일시적인 것이다. 미용기술은 선생이 방향을 지시하고 가르쳐줄 수 있지만 그 마음은 본인이 잡아야한다. 사회라는 경쟁세계에서 누구에게 의존할 것인가 생각해보면, 믿을 것은 자기밖에 없다. 자기 스스로가 일어서야 한다. 준비된 미용사들은 싹이 보인다. 그런 사람들은 부지런하다. 그리고 미용을 한 번 배우면 반드시 복습을 하고 끊임없는 질문과 고민을 한다.

반려견을 맡기는
손님과의 관계

일반 미용사는 고객이 한 사람이다. 자신에게 머리를 맡기는 고객, 그 사람의 머리만 잘 만져주면 된다. 하지만 애견미용사들은 고객이 둘이다. 우리에게 몸을 맡기는 강아지 고객과 그 고객을 자식처럼 사랑하는 견주 고객이다. 강아지 고객님을 잘 다루어야 미용이 손쉽게 되고 견주 고객님과 관계를 잘 유지해야 단골고객이 된다.

사실 둘 중에 더 까다로운 고객은 강아지 고객이다. 말이 통하지 않기 때문이다. 두렵고 무서우면 강아지는 공격적으로 변한다. 그래서 애견미용사들이 물리거나 할퀴는 사고가 의외로 잦다. 이런 강아지들은 미용실에서 기피할 수밖에 없고, 그 강아지는 점점 더 미용실 미용을 하기가 어려워진다.

성격이 안 좋은 요크셔테리어가 있었다. 미용을 하려면 자꾸 무는 강아지였다. 다른 미용실에 갔지만 미용을 할 수 없었다. 강아지들은 어떤 미용실에서 안 좋은 경험을 하면 그것이 습관화가 된다. 그 기억이 싫으면 미용을 거부하게 된다. 이 요크셔테리어도 쉽지 않은 강아지라 미용사가 물려서 두 곳의 미용실에서 이미 퇴짜를 맞은 상태였다. 할 수 없이 집에서 직접 해주다가 나에게 오게 되었다. 그런데 내가 어릴 적에 강아지 훈련사가 되기 위해 교육을 받았던 경험이 있기 때문에 강아지를 요령껏 잘 다루었다. 그랬더니 다행히 안정을 찾았고 무사히 미용을 마칠 수 있었다.

견주는 자신의 강아지가 무사히 미용을 마친 것을 보고 너무 좋아하면서 울기까지 했다. 그 뒤에 몇 번을 더 찾아왔다. 내가 그 강아지의 이름을 불러주면서 다루니까 강아지도 어느새 내 손에 순해졌다. 손님이 그 모습을 보고 어찌나 좋아하던지 나 역시 잊을 수가 없다.

강아지를 잘 안정시키고 잘 다루는 것도 미용사의 일이다. 그래야 수월하게 작업을 할 수 있고 고객의 충성도를 높일 수 있다.

고객과의 마찰이 생길 때는
이렇게 해결하자

　미용사는 기술만큼이나 손님응대도 상당히 중요하다. 미용을 하다보면 강아지 피부에 상처가 날 때가 있다. 그럴 때 대부분의 견주들은 가만히 있지 않는다. 말 못하는 강아지를 위해 기꺼이 항의를 하거나 보상을 요구한다.

　클리퍼를 댈 때 너무 움직이거나 싫어하는 개들이 있는데 그러다보면 상처가 날 수 있고 몸에 트러블이 생길 수 있다. 피부가 약한 개들도 있다. 미용사 입장에서는 다른 강아지처럼 했음에도 미용을 끝내고 집에 가보니 벌겋게 일어나 있다고 연락이 오는 경우들이 있다. 클리퍼가 약간 따뜻하기 때문에 민감한 반응을 보이는 것이다. '원래는 안 그랬는데 미용실에 다녀오니 이렇게 되었다'는 등의 불평불만이 들어올 수 있다.

사실 클리퍼를 대는 것만으로 트러블이 생긴 강아지들 대부분은 집에서 빗질을 잘 안 해줘서 피부가 약해진 개들이 그렇다. 어떻게 보면 미용사의 잘못도 있을 수 있겠지만 견주도 집에서 관리가 소홀했던 것이다. 밖에 잘 나가지 않고 산책을 잘 안했던 개들이 피부가 약할 수 있다. 햇빛도 보고 산소도 공급받아야 하는데 방에서만 있는 개들이 있는데 이런 아이들은 피부가 약하기도 하고 미용사의 부주의로 클리퍼나 가위를 댈 때 벌겋게 일어날 수도 있다.

하지만 이유가 무엇이든 잘못이 미용사에게 있든 없든, 일단 손님과 마찰이 생길 때는 이의를 제기하지 말고 죄송하다고 먼저 말하고 대화를 나눠야한다. '말 한마디에 천 냥 빚을 갚는다'는 말은 진리다. 어떻게 말하느냐에 따라서 상대방의 마음이 풀어질 수도 있고 화가 날 수도 있다. '내가 미용했을 때는 안 그랬어요'라고 말하지 말고, '아이가 피부가 민감해서 미용이 잘 안 맞았나 봐요'라고 좋게 나가야 한다.

핑계를 대는 것처럼 말하면 손님은 받아들이지 않는다. 손님 입장에서는 돈을 냈는데 당신이 책임져야 되지 않겠느냐고 나오는 것이다. 겸손히 숙이고 나아갔을 때 손님도 받아준다. 그러면 오히려 손님이 친근감을 가질 수 있고 나중에 진짜 손님이 될 수 있다.

　미용사는 두 가지를 다 생각해야 한다. 견주 손님을 응대하는 것도 배워야하고 강아지도 손님이라고 생각하고 대해주어야 한다. 절대 잘못을 손님에게 돌리지 말고 냉정히 판단해서 미용에서 실수가 난 건지 아닌지를 판단할 수 있어야 한다. 우선은 잘못을 시인하며 손님을 설득해야 한다. 그래야 문제가 더 이상 불거지지 않는다.

　물론 손님이 작정하고 나올 수도 있다. 그전에도 피부가 안 좋았는데 미용실에 갔다 오더니 이랬다면서 미용사 탓을 하는 사람도 있다. 그렇기 때문에 강아지를 받았을 때 강아지의 초기증상을 충분히 살펴야 한다. 차트를 만들면서 건강상태라든가 미용 스타일도 항상 기록하는 습관을 가져야 한다. 이상한 부위는 사진으로 찍어놓고 손님이 올 때 이런 증상이 있었다고 보여준다던가, 아니다 싶으면 미리 사진을 보내주는 것도 방법이다. 그러면 나중에 손님이 와서 볼 때 설명할 수 있는 증거가 될 수 있다. 대수롭지 않은 것은 손님에게 집에서 어떻게 해주면 된다고 해결책을 제시해 주면 더 좋아한다. 이런 모든 것이 손님을 다루는 법이다.

　차트를 기록할 때는 가능한 한 상세하게 기록하는 것이 좋다. 예를 들어 샴푸를 뭘 쓰는지 기록하는 것도 사소한 것 같지만 중요한 일이다. 강아지 샴푸를 했을 때 트러블이 생겼다면 저자극 샴푸로 바꿈으로써 해결될 수도 있다.

미용 전에 손님이 원하는 부분을 차트에 꼼꼼히 기록해두고 강아지에 대한 정보들을 양식에 맞게 잘 기록해두자. 기록하지 않아서 스타일을 요청대로 하지 않고 다르게 하게 되었을 때는 실수를 인정하되 강아지에게 더 어울릴 것 같아서 이런 스타일로 했다고 말해주면 된다. 강아지를 위해서 했다는 것을 말해주어야 문제가 커지지 않을 수 있다.

애견미용사는 강아지도 중요하지만 견주에 대해서도 늘 생각하고 있어야 한다. 손님에게 강아지가 잘 지내는지 메시지도 보내보고, 관심을 두고 있다는 것을 보여주어야 한다. 손님이 많은 미용실을 보면 미용을 잘 하는 것도 있지만 그만큼 강아지를 신경 쓰고 아낀다는 것을 손님에게 자연스럽게 심어준다. 그 미용사는 우리 강아지를 좋아한다는 인식을 심어주어야 그 손님과 오래 갈 수 있고 미용실도 성장하는 것이다.

누가 오더라도 아이의 이름은 다 알고 있어야 한다. 강아지 이름을 불러주면 견주는 더 없이 좋아한다. 맡기는 입장에서도 자신의 강아지에 대해서 잘 안다는 생각이 들어 안심하게 된다. 그래야 성공하는 미용사가 될 수 있다. 애견미용사가 미용도 해야 하지만 이 길을 좋아하고 사랑하고 있으며 강아지를 너무 좋아한 다는 이미지를 심어주는 노력들도 중요하다.

반면, 미용을 하다가 미용사가 개에게 물리는 경우도 발생한 다. 처음 미용실에 온 개들이 겁을 내고 무는 경우가 있다. 능숙한 미용사들은 이런 것을 잘 대처하는데 초보미용사는 순간적으로 물릴 수 있다. 그러면 주인에게도 통보를 해주어야 한다. 그리고 자신도 빨리 치료받고 조치를 취해야 한다. 심하면 미용을 못하게 될 수도 있다.

그리고 실수를 미연에 방지하는 방법은 미용사 자신이 할 수 있는 할당량만 하는 것이다. 하루에 자기가 소화할 수 있는 만큼 만 하자. 그날 컨디션이 안 좋을 수도 있는데 무리해서 하면 실수 가 생긴다. 한 마리를 만지더라도 신경 써서 해야 한다.

즐기는 자는 이길 수 없다

애견미용사가 되는 과정에서 가장 힘들었던 때는 일본유학 시절이다. 일본어 한마디 못하는 상태에서 열정만으로 일본행을 선택했기에 초기에는 의사소통이 어려웠고 육체적으로도 힘들었다. 특히 오오무라 푸들 견사에서 일했을 때는 너무 힘들었다. 많은 개들을 관리해야 했고 책임의식도 그만큼 따랐다. 당시 23살 젊은 나이에 나름대로 잘 해내려는 욕심은 많았지만 잠자는 시간이 3~4시간 정도밖에 안 되다보니 체력적인 부분에서 한계에 많이 부딪혔다. 살도 엄청 빠졌다. 쉬지 않고 하루 종일 정신과 육체를 풀가동했기 때문에 많이 힘들었다.

그러나 이 과정을 통과해야 올라설 수 있다고 생각했기 때문에 힘들어도 포기할 수 없었다. 몸으로 익히지 않으면 내 것이 되지 않는다. 목표달성을 위해 시간과 노력이라는 과정은 꼭 필요한 것이었다. 기술을 배우는 과정에서 고통스럽고 힘든 것도 많았지만, 그럴수록 나는 힘들다는 생각보다는 즐기고자 했다. 내 것으로 만들어야겠다는 의지가 클수록 성취감도 더욱 커졌다. 그러니 힘들어도 재미있었다. 이것은 지금도 마찬가지다.

세상에는 수많은 직업과 일이 있고 우리는 누구나 자신이 맡은 일과 역할을 하면서 살아간다. 사회적으로 높게 평가받는 직업도 있고 남들로부터 무시당하는 직업도 있으며 보수가 많은 직업도 있고 형편없는 보수를 받는 직업도 있을 것이다. 하지만 좋은 직업, 높은 보수를 받는 사람 모두가 행복하지 않으며 힘든 직업이나 낮은 보수를 받는 사람이 불행하지도 않다. 행복은 마음가짐에 달려있다. 재미있게 일해야 즐겁고 행복하다. 하는 일이 무엇이든 간에 자신의 일에 재미를 느끼며 일하는 것이 가장 중요한 것이다.

그러려면 무엇보다 자기직업을 사랑해야한다. 애견미용을 단순히 일이라고 생각하지 말고 예술이라고 생각하라. 우리는 자연예술을 하는 사람이다. 남이 안하는 직업, 남이 안하는 것을 내가 한다는 것, 그만큼의 예술가로서의 가치가 있으니 자부심을 가져라. 미용사를 넘어 진정한 자연예술가의 자부심을 갖고 열심히 일하며 연구하라.

내가 30여 년간 이 길을 걸어오다 보니 느끼는 것은 10년 전의 미용과 지금의 미용이 비교하면 많이 발전되었지만 미용사로서의 근성은 오히려 약해지고 있다는 것이다.

강아지가 미용이 싫다며 발버둥 치고 반항한다고 해서 미용을 포기하는 게 아니라 어떤 경우에도 해내는 것이 전문가다. 어떻게든 자녀를 잘 달래고 가르치면서 올바른 길로 가도록 돕는 것이 부모의 마음인 것처럼 미용사의 마음도 다르지 않다. 전문가로서 강아지를 잘 다루고 예쁘게 만들어 고객에게 주는 것이 사명이다. 순간순간 찾아오는 숱한 역경이 있더라도 이 직업을 하는 동안은 자부심을 갖고 포기하지 않고 열심히 해 나가길 바란다.

나는 기술을 열심히 배우고 습득하고 성장하는 것도 중요하지만 무엇보다 이 직업을 사랑하고 포기하지 않는 것이 중요하다고 생각한다. 중도하차에 대해서 나는 반대한다. 강아지를 좋아해서 시작했지만 그만큼의 힘든 것도 동반된다. 그것을 이겨내지 못하면 다른 직업을 해도 마찬가지가 아니겠는가!

내가 왜 이 직업을 선택했는지
다시 생각해 보라

　과거에는 미용이 그리 어렵지 않았다. 미용스타일은 무조건 짧게 했다. 관리를 편하게 하기 위해서 고객들이 그냥 짧게 해달라는 요구가 많았다. 특히 얼굴, 귀, 꼬리는 짧게 해달라고 했다. 내가 미용을 배울 때도 그랬고 10년 전까지만 해도 이런 미용이 대부분이었다.

　그런데 점점 스포티한 미용이 대세가 되고 7년 전부터는 모양이 발전되면서 각 견종마다 미용스타일이 갈라지게 되었다. 스타일들이 다양한 변화를 가져오면서 어느 정도 이런 미용을 숙지하고 있어야 현장에서 일이 가능해졌다.

그러니 초보들에겐 힘든 일이다. 과거에는 어느 정도 짧고 귀엽게만 자르면 되었는데 이제는 모양까지 다 구상해서 미용을 해야만 되었다. 그때는 누가 더 짧게 다듬고 귀엽게 하느냐가 관건이었다. 그런데 요즘은 각각 어울리는 스타일을 만들어야 하고 그것을 공부해야 하고 까다로워지니 힘들어진 것이다.

1년 동안 학원에서 배우면서 그런 것까지 완벽하게 다 배워서 가기는 힘들다. 그러니 이후 현장에서 견습생 생활을 하면서 익히는 시간이 필요하다. 예전에는 바로 현장에 투입되어 미용을 할 수 있었고 실장이 될 수 있었지만 지금은 그러기가 어렵다.

모든 사람들의 미용기술을 한꺼번에 다 배울 수는 없다. 따라서 내가 일하고 있는 곳에서 가장 실력 있고 배우고 싶은 사람을 하나 선택해서 롤 모델을 삼아 보라. 다만 가까운 곳에서 롤 모델을 찾아야 한다. 너무 멀리 있는 사람을 롤 모델로 삼아서는 안 된다. 예를 들어 자신과 함께 있는 실장을 롤 모델로 삼으면 된다. 지금 근무하고 있는 사람을 롤 모델로 삼아서 그 사람의 것을 충분히 자신도 소화해냈다면 밖에 나가서도 충분히 해낼 수 있다.

그 사람을 넘어서면 어디에서든 할 수 있는 것이다. 지금 만나지도 못하는 사람, SNS 속 사람을 롤 모델로 삼으면 피드백이 너무 늦어진다. 바로 가까이 있는 곳, 자기가 일하고 있는 곳에서 롤 모델을 삼는 것이 가장 빠르고 현명한 방법이다.

세상에 쉬운 일은 없다. 어떤 직업도 그 나름대로 어려운 점이 있고 힘든 점이 있다. 힘들어도 어차피 이 직업에 들어왔다면 자신의 일을 소중하게 여기며 초심의 마음을 갖기를 바란다. 내가 왜 직업을 선택했는지 다시 생각해 보라. 그러다 보면 어느 순간 자기도 그 미용의 수준에 도달해 있을 것이다. 어려운 과정이긴 하지만 누구라도 할 수 있다.

어렵고 힘들 때 초심으로 돌아가 보면 이 일에 대한 애정이 다시 생긴다. 나는 애견미용사 일을 못하게 되었더라면 강아지 훈련사 분야에서 일을 했을 것 같다. 몸을 다쳐서 애견미용 쪽으로 진로를 바꾸게 되었지만 평생 어떤 식으로든 애견관련 분야에서 일을 했을 것 같다. 왜냐하면 하고 싶은 것이 이것밖에는 없었기 때문이다.

일을 하다 보면 슬럼프는 누구에게나 온다. 몇 번씩 올 수 있다. 난관에 부딪히다 보면 힘들 수 있다. 그러나 조금만 침착하게 생각해 보면 해결할 수 있는 방법이 많다. 전문가들은 어려운 상황을 이겨냈기에 전문가가 된 것이다.

나는 힘든 순간이 오면 오히려 몸으로 더 노력하는 편이다. 나쁜 생각이 든다든지 어려운 것에 부딪히게 되면 처음으로 다시 되돌아간다. 처음 내가 이 일을 시작했을 때 먹었던 마음, 또는 초창기 시절의 생각을 자꾸 한다. 내가 어떤 생각으로 어떤 마음으로 이 일을 하려고 했던가를 자꾸 되새긴다. 그러면 저 밑바닥에서부터 다시 힘이 생긴다. 어느 정도 마음이 안정되면 나는 학생들을 가르치는 원장으로 다시 되돌아가 있다. 더욱 열심히 가르치며 내 일에 더욱 매진하며 오히려 그 힘든 것을 푸는 것 같다.

나는 직업에서 겪는 힘든 것은 직업에서 풀며 끝내는 것이 좋다고 생각한다. 초보 학생들을 더 잘 가르쳐야겠다는 마음을 가지다 보면 나 역시 초심의 마음으로 돌아가서 나를 정리하게 된다. 욕심이 커지면 슬럼프도 온다. 하다가 자꾸 벽에 부딪히는 것은 더 잘해야 한다는 생각 때문이다. 그것을 극복하는 것은 초심의 마음으로 돌아가는 것이다.

그래서 외골수인 나는 오늘도 행복하다. 힘들고 피곤하고 가끔 슬럼프에 빠질 수도 있겠지만 나는 내가 하고 싶어 했던 바로 그 일을 하고 있기 때문이다. 세상에서 자기가 하고 싶은 걸 하면서 살아가는 사람이 얼마나 될까. 하고 싶어도 할 수 있는 여건이 안 되는 사람들도 많을 것이다. 그러나 나는 감사하게도 하고 싶은 일을 하며 살아가는 사람이다. 아마도 이 일에 대한 열망이 강했기에 어려움을 뚫고 지금까지 하고 있는 것이 아닐까. 당신도 마찬가지다. 강아지를 사랑하고 애견미용을 좋아해서 애견미용사가 되었을 것이고 당신이 지금 애견미용을 하고 있는 한 당신은 행복한 사람이다.

Dog beautician

애견 셀프 미용,
집에서 할 때 조심해야 할 것

　　애견인이라면 집에서 강아지 미용을 조금쯤은 할 줄 알아야한다. 전문적인 미용사를 꿈꾸는 사람들은 전문과 정을 거쳐야겠지만 그렇지 않은 애견인일지라도 조금씩은 해봐야 자기가 키우는 반려견에 대해 더 잘 알 수 있게 된다. 성격도 잘 알 수 있고 미용을 해줌으로써 강아지도 미용에 익숙해지는 것이다.

　　결국 내 강아지를 사랑하고 좋아한다면 이런 자료들을 통해서 본인이 직접 강아지 관리를 할 줄 알아야 하는 것이다. 이런 과정을 통해 더 사랑하고 애착이 생기는 기회가 된다. 우리가 자녀들을 미용실만 데려가지 않지 않는가? 자식이니까 집에서도 정성껏 먹이고 씻기고 돌보고 가꾸는 것이다. 사랑하는 강아지도 마찬가지다. 밥만 주는 것이 아니라 내손으로 직접 미용을 해준다는 것은 그만큼 사랑을 베풀어 주는 것이다.

귀찮다고 여기면 사랑이 아닌 것이다. 전문가에게만 맡기는 것은 최선이 아니다. 이 책을 읽는 사람들 중 비전 문가도 있을 텐데 혹시라도 애견미용을 조금이라도 아는 분은 집에서 해보는 것이 중요하다. 그러면 나의 강아지가 무엇을 싫어하는지 좋아하는지 알 수 있다. 우리는 강아지 가 어떤 사료와 간식을 좋아하고 싫어하는지는 잘 알지만 우리 강아지가 미용을 할 때 무엇을 좋아하고 싫어하는지 는 모른다. 단순히 미용실에 맡기면 된다고 생각한다.

이런 사람일수록 미용을 하다가 뭔가 잘못되면 미용 사의 실수라며 탓하기 쉽다. 개를 싫어하면서 애견미용을 하는 미용사는 없다. 좋아하니까 하는 것이다. 가끔 제자 들이 이런 걸로 속상해할 때면 안쓰럽다.

강아지는 어린아이와 같아서 말을 안 듣는다. 클리퍼 를 할 때도 싫어한다. 미용을 좋아하는 개는 드물다. 반항 하면 어린아이 달래듯 다루어야 하고 참을성이 있게 대해 주어야 한다. 또한 충실한 연습을 통해 기구 등을 잘 다뤄 야 한다. 그러다보면 드라이나 가위질도 잘 된다.

애견미용을 집에서 할 경우 억지로 잡아서 하면 개들은 싫어한다. 미용을 좋아하는 개는 거의 없다. 많이 움직이면 상처가 날 수 있기 때문에 집에서 할 때는 얇은 클리퍼를 사용하지 않는 것이 좋다. 그리고 높은데서 하지 마라. 강아지가 놀랄 수 있다. 평소에는 침대나 테이블 위에도 올라갈 수 있지만 미용을 하기 위해서 식탁 위나 높은데서 하다가 떨어지는 경우도 있다. 준비되지 않은 상태에서 하다보면 다칠 수 있으니 약간 낮은데서 하는 게 좋다.

그리고 미용을 하기 전에 클리퍼나 가위와 같은 기구들의 소리에 익숙해지도록 한동안 들려주고 있다가 슬슬 몸에 대면서 천천히 해주라. 집에서도 미용에 대해 습관이 들도록 해주면 현장에서도 미용사들이 쉽게 할 수 있다. 집에서 잘못해서 싫어하게 되면 현장에서도 강아지는 싫어한다.

또한 샴푸를 잘못해서 눈병이 날 때가 많이 있다. 집에서 할 때는 반드시 끝나고 나서 안약 등을 넣어줘라. 샴푸를 사람 쓰듯 해주는 경우가 많은데 강아지 피부는 약하기 때문에 샴푸는 반드시 희석해서 해주어야한다. 특히 여름엔 귀가 습해서 귓병이 잘 생긴다. 귀를 자주 확인해주면

서 귀 관리에 소홀하지 않게 해주어야한다. 웬만하면 눈앞
이나 원피스라인 등 너무 위험한 부위는 바짝 자르지 않도
록 해야 한다.

약간 못나도 좋고 너무 깨끗하지 않아도 되니 너무 가
깝게 하지 말고 살에서 약간 떨어지게 해라. 예쁘게 만드는
건 전문미용사에게 가면 되지만 집에서 하는 것은 경제적
인 면도 있지만 보통은 사랑하는 강아지를 자신이 해주고
싶어서 하는 것이니 이런 부분을 조심해서 다루면 현장에
서도 강아지가 잘 적응할 수 있다.

대·한·민·국·에·서

애견미용사로
산다는 것

초판 1쇄 인쇄 2021년 12월 1일
초판 1쇄 발행 2021년 12월 8일

지은이   김수경, 김남진
발행인   서진
펴낸곳   이지퍼블리싱

편집진행   성주영, 김수경, 김남진, 이호경

마케팅 총괄   구본건, 김정현
영업   이동진
SNS   이민우

디자인   양은경

주소   경기도 파주시 광인사길 209, 202호
대표번호   031-946-0423
팩스   070-7589-0721
전자우편   edit@izipub.co.kr
출판신고   2018년 4월 23일 제 2018-000094 호

ISBN 979-11-90905-17-6 03190